大家之家

思想卷

车吉心　谭好哲　主编

泰山出版社 · 济南 ·

编 委 会

序　言

呈现于读者面前的这套丛书命名为《大家之家》。所谓大家，即世界史上科技文化领域卓越非凡之人物，或曰伟大人物，而大家之家，乃大家曾经所居之所也。

在人类文明的发展史上，涌现出无数堪称大家的人物，他们以其令人景仰的道德品行、永载史册的丰功伟业、博大精深的文化创造，将人类历史的浩瀚长空映照得美丽璀璨。这些文明史上的大家，以各自超凡拔俗的人生业绩，在历史的舞台上展示出生命的奇迹与荣光，也铸就了人类文明的辉煌与魅力，其成就、思想与精神为后人所神往、敬仰以至崇拜，成为泽被后世的永恒精神财富。

诚如19世纪英国著名文学家、社会批评家和历史学家托马斯·卡莱尔所言，伟大人物是历史上的英雄，也是世界历史的精华，世界史上所取得的种种成就都烙刻着他们的创造，在广义上说是他们思想的外化和具体化。因此，追随大家的生命历程，与大家相识相知，以他们为人生的借镜与楷模，不仅能够领略人类文明的雄壮景观与创造精华，也能够从中获得无穷的人生教益与生命动力。卡莱尔满怀激情地写道：“对于这些伟大人物，无论你以什么方式同他们接近，他们都是你有益的朋友。一个伟大人物，尽管他并不十全十美，我们也不能小觑他，从而失去他的帮助。他是一束光，靠近他就使人愉悦欢欣。他是一束耀眼的光芒，照亮了世界上的黑暗；他绝不仅仅是一盏点燃的灯，而是一颗沐浴着上帝的恩泽而闪闪发光的明星；在我看来，这永不熄灭的光芒使人茅塞顿开，令人刚毅坚强，促人英勇崇高。在它的照耀下一切人无不感到愉快，无论何时，人们都不会因此而生倦意。”这段由衷的赞美，也正体现出本丛书为大家立传的用意所在。

当然，历史上的大家也都是尘世中人，他们之所以能够成就其人生与事业之大，不是靠神灵的独特恩宠，也不完全是靠人生的偶然与运气，而主要是靠个人的努力与奋斗。其努力与奋斗的人生轨迹千差万别难以尽述，然而又有殊途同归的相似相同之处可以言说，其中之一便是家对于人生成长与成败所具有的意义。人人都生而有家。家是生命的孕育之地，是人生的成长之所，也是生命的行走驿站，亲情、友情、爱情、乡情都会在家里留下或深或浅的印记，甚至科技发明和文化创造中的苦思与妙想、艰辛与欢欣等等，也往往冥冥之中与家有着不解之缘。因此之故，历史悠久的家会成为物质文化遗存，名人故居更是成为人们倍加珍视的一种文化遗产。这种遗产是一个国家与民族历史文化成就的重要标志，不仅对于研究人类文明的演进具有重要意义，而且对于展现世界文化多样性也具有独特作用。这又是本丛书聚焦于“大家之家”的用意所在。

“大家之家”，既是大家之故居，也是大家之精神所在，还是人们游览与精神朝拜的场所。作为一种独特的历史和文化遗存，大家故居，虽然历经时光淘洗而往往物是人非或旧貌不再，但依然记录并留下了曾居其中的大家日常生活的点点滴滴，沉淀着历史、人文、经济、社会等诸多信息，成为名人精神的象征物，具有无可替代的人文价值和历史意义。本丛书着眼于通过“家”这种有形的文化遗存，来展现人类无形的精神文化遗产，以期达成对青少年甚至一般社会人士进行优秀文化传承教育之目的，从出版的角度也是希望能够在优秀文化传承教育方面另辟蹊径，作出新的探索。

本丛书从读者易于接受的角度考虑，在书写方式上也做了大胆的尝试。全书各篇都从大家的居住之处切入历史，以专业而通俗、轻松而深刻的文字为大家作传，通过对大家的人生故事、辉煌成就及思想创造的描写与评述，带领读者走进大家的成长过程、情感世界及奋斗历程，进而走进大家的精神世界，领略其博大的思想、境界和胸怀。这种写法以“大家之家”作为精神旅游的目的地，由作者作为一个面对读者娓娓道来的精神导游者，大大拉近了普通读者与伟大人物之间的历史与精神距离，避免了读者由于学识不足或专业隔膜带来的阅读障碍。相信每一位智慧而有志向的读者都能通过书中大家的奋斗经历和辉煌业绩，获得生命启示，点燃生命激情，树立远大理想，沐浴着精神的阳光走上人生奋斗之路，攀上人生理想之巅，像书中的大家一样无愧于自己的人生之旅，绽放出生命的大美与崇高！

谭好哲

（山东大学文艺美学研究中心教授、博士生导师）

2019.7

目　录

卢　梭

坐落在阿尔卑斯山脉与法国汝拉山脉之间的日内瓦，被缓缓流经的罗纳河一分为二，左岸是老城，右岸是新城，一侧古朴沧桑，一侧摩登繁华。历史与现代的两相映衬，向每一位旅人诉说着城市的发展历程。登上山丘，踏入老城区，鹅卵石铺就的街道狭窄蜿蜒，古老的建筑物铭刻着对时间的敬意，穿行于此，人们仿佛经历了一场时空旅行。作为世界上最著名的钟表制造中心，没有哪个城市比日内瓦更擅长测量时间。在一条并不起眼的小巷中，格朗日大街40号的标志落入眼帘——就是在这里，幼年的卢梭无数次趴在窗前，聆听着钟表匠父亲叮叮当当雕琢"时光"的声音。由于处于鳞次栉比的楼宇之间，这扇低矮的窗户几乎得不到阳光的眷顾，不过屋前父亲工作的钟表作坊还是被投下了变幻莫测的光影。不知小卢梭是不是经常注视着父亲的身影，期待着他同自己一起读书。卢梭从小没有受过正式的学校教育，是父亲教会了他阅读，而母亲在生下他后不久便因产褥热去世了。卢梭说："我的出生，是我的许许多多不幸之中的第一个不幸。"

母爱的感觉，卢梭一天都没有体会过。与父亲相守的时光也在他 10 岁那年被打断——因与权贵发生冲突，父亲被诬告入狱。为了自由和荣誉，父亲决定离开日内瓦，在异乡度过余生，而卢梭被留在日内瓦，由舅舅照顾。不久后，卢梭同表哥一起被舅舅送往一位乡村牧师家中学习拉丁文。父亲修理钟表的叮当声停止了，卢梭的童年也随之远去。

如今，卢梭童年时的居所已经改建为纪念馆，而同一条街道的 28 号恰好是作家博尔赫斯的故居。在这栋与卢梭的家相距不远的建筑上面，刻下了博尔赫斯对日内瓦的留恋："在世界上的所有城市中，在一个浪迹天涯的人一直在寻找而有幸遇到的各个亲切的地方中，日内瓦是我认为最适合于幸福的城市。"的确，今天的日内瓦已然成为和平的代名词，联合国欧洲总部、国际红十字会总部等象征人道主义的组织都设立在这里，它自由、包容、开放，向世界各地的人们敞开友好而温暖的怀抱。它更不会忘记卢梭这位法国 18 世纪启蒙思想家、哲学家、教育家、文学家，不但日内瓦湖与罗纳河交界处的湖心小岛被命名为"卢梭岛"，岛上还竖立起一座卢梭的铜像。当人们来到卢梭岛，一眼便可望见他的身影——卢梭赤着双脚坐在椅上，一手持书，一手握笔，安详自若地注视着日内瓦湖水天一色、烟波浩渺的风景。但是，这样的"幸福"，卢梭生前从未体会过。卢梭纪念馆的展示牌上有这样一段歌德的评语："这个伟大的作家最终所得到的回报，却是在巴黎过着默默无

日内瓦卢梭岛上的卢梭铜像（赵荔红 摄）

闻、被人遗忘的生活。”对于卢梭这个浪迹一生的游子来说，日内瓦带给他的除了童年时孤苦伶仃的哀伤回忆，就是对他引以为傲的“日内瓦公民”身份的剥夺。卢梭的一生恰如父亲修理的钟表的钟摆，一经启动，就保持不了它的重心，总是摆来摆去，无法停留。

“华伦夫人的作品”

两年的乡村生活很快过去了，12 岁的卢梭重新回到日内瓦。对于自己的前途，他还在等待着周围人的安排——究竟是做钟表匠、牧师还是律师？虽然他热爱读书，向往知识，但是母亲留下的遗产难以供他继续学业。眼下似乎只有当学徒一条路可走，卢梭先是被舅舅送至法院书记官处学习做一名律师。不过卢梭对此丝毫不感兴趣，他整日游手好闲，心不在焉，没过多久就被赶走了。舅舅只好又跟一名镂刻匠签订了合同，让卢梭学习镂刻手艺。和锤子、凿子打交道，比法院的学习更加枯燥乏味。在当学徒的日子里，卢梭经常要忍受性情暴虐的师傅时不时的辱骂和殴打，还沾染上偷窃、撒谎等种种恶习。而令卢梭郁郁寡欢的，不仅是师傅的奴役和剥削、工作的辛苦和劳累，还有现状无法改变的悲哀和对于未来的迷惘。对 16 岁的卢梭来说，既然不能与现实决裂，那就放任自己沉湎于书的海洋吧。他将读书作为唯一的慰藉，不遗余力地找书，如饥似渴地读书，时而想象着书中的情境潸然泪下，时而默念着书中的语句喟然长叹。如此一来，卢梭原本敏感的内心更加多愁善感，他不似同龄的少年那般活泼，反而愤世嫉俗、渴望着对既定现实的超越。

偶然的一天，卢梭出城散步忘记时间，回来时城门已经关闭，想到可能遭受的严厉惩罚，卢梭决定：远走高飞，再也不回来。初获自由的卢梭，对于自己将要面临的穷困处境无暇顾及，在他的想象中：“我可以安全稳妥地进入广阔的天地，那里，将充满我的丰功伟绩，每走一步我都会遇到豪华的宴会和财宝，碰到奇遇，遇到准备为我效劳的朋友和急于博得我欢心的情人。我一出现，就可以囊括宇宙……”①不过，若是卢梭没有去法国小城安纳西，没有遇到华伦夫人，卢梭期待的未来恐怕是完全不同的光景。很难用一句话或一个词语来界定华伦夫人与卢梭的关系。卢梭同华伦夫人初次相见时只有16岁，离开华伦夫人，前往巴黎闯荡时已经30岁了。这十多年的大部分时间，卢梭都与华伦夫人一起度过。华伦夫人是卢梭的姐姐、母亲、情人、朋友、老师、保护者，甚至是上帝。当卢梭年老体衰、回首往事时，华伦夫人的音容笑貌依然历历在目：“她的态度亲切妩媚，目光十分温柔，嫣然一笑好像一个天使……”②如果没有华伦夫人对他的培养和支持，卢梭也许只是一个流于平庸的普通人，不会成为对人类文明的发展产生重大影响的思想家，难怪卢梭说：“我把自己看作是她的作品。”

1728年3月21日，卢梭和华伦夫人在安纳西古城教堂门外的庭院里相遇了。1928年3月21日，在他们相遇二百周年的这一天，这处本来极

卢梭故居（瑞士日内瓦）

① 卢梭．忏悔录（第一部）[M]．范希衡，黎星，译．北京：人民文学出版社，1982：51.

② 卢梭．忏悔录（第一部）[M]．范希衡，黎星，译．北京：人民文学出版社，1982：57.

为普通的场所被设置上金色的栏杆，并塑起一尊卢梭的头像以示纪念。卢梭的愿望终于得以实现："我真想用金栏杆把这块幸福的地方围起来，使全世界的人都来瞻仰它!"[①]在卢梭的想象中,28岁的妇人本应年老色衰、令人生厌,而华伦夫人却柔情美丽、风韵十足,令他一见倾心。在回忆录中,卢梭用了大量的笔墨描述他与华伦夫人的初遇，字里行间充满缱绻柔情，他将之称为“心灵感应”，否则便不足以说明“为什么我和华伦夫人第一次会面，第一次交谈，第一次凝视，就不仅令我对她无限钟情，而且产生了对她一种永不磨灭的完全的信赖”[②]。华伦夫人为人宽厚仁爱,乐善好施，在教区神父的引见下，流浪的卢梭想要投靠于她。华伦夫人怜悯卢梭的悲惨境遇，考虑到卢梭的前途，决定听从周围人的提议，资助卢梭前往都灵教养院，让其接受洗礼，皈依天主教。出生于日内瓦共和国的卢梭本是新教徒，为了维持生计，他不得不改变信仰。他本想在教养院内谋求一个职位，但未能如愿，只能自己谋生。他先后去商铺抄写账簿，去贵妇人家里当仆人，不过都不能安定下来，最后还是决定回到安纳西，回到华伦夫人身边。卢梭担心自己的种种行为令华伦夫人失望，不知华伦夫人是否还能接受他。华伦夫人不仅没有责备卢梭，还温柔、体贴地将他安顿在自己家中。正如卢梭期待的那般，他成了这个“家”中的一员。

比爱情更甜蜜，比友情更温柔，这就是华伦夫人带给卢梭的感觉。卢梭称华伦夫人为“妈妈”，华伦夫人则称卢梭是“孩子”，此后他们一直保持着这样的称呼。华伦夫人自身学养丰富，也想竭力将卢梭培养成才，尽管在其他人看来，卢梭资质平平，毫不出色。据华伦夫人的亲戚判断，以卢梭的才智最多能够在乡村中做一个神父，于是华伦夫人便将卢梭送往神学院学习。但神学院院长和主教都认为，卢梭根本不是当神父的材料，华伦夫人只好为他另谋出路。卢梭对艺术颇为爱好，华伦夫人便将他送去音乐学校学习，决心将他培养成一位音乐家，而这也成为

---

① 卢梭．忏悔录（第一部）[M]．范希衡，黎星，译．北京：人民文学出版社，1982：56.

② 卢梭．忏悔录（第一部）[M]．范希衡，黎星，译．北京：人民文学出版社，1982：60.

安纳西风景（赵荔红 摄）

卢梭今后谋生的主要手段。但当卢梭从学校回到安纳西时，华伦夫人却不告而别——由于王室内部发生变故，为了争取每年的年金不被取消，华伦夫人已经远赴巴黎。卢梭惶惶如丧家之犬，无处可去，只能睡在公园的长椅上；他身无分文，不得不靠帮人抄写乐谱谋生，甚至冒充其他作曲家来招摇撞骗。就这样穷困潦倒地过了些时日，卢梭终于打听到华伦夫人的消息：她正在尚贝里。

1732年，卢梭到达尚贝里。在华伦夫人的安排下，他开始在土地登记处担任文员，此时他20岁了，华伦夫人的经济状况已经大不如从前。登记处乏味无聊的例行公事令卢梭难以忍受，而他对音乐却越来越痴迷。最终，卢梭辞去公职，专事音乐。通过给上流社会人家的少女担任音乐教师，卢梭得以进入上层社会的社交生活，结识了许多贵妇人。此时，华伦夫人意识到，卢梭已经是个成年人了，并且本就多情，担心他受其他贵妇人的诱惑，因此主动向卢梭提出要成为彼此的情人。事实上，华伦夫人此时已经有了另一位情人——她的管家。对卢梭来说，这种亲密关系既令人期待、兴奋，又带来恐惧和不安。同居开始后，为了让卢梭能够在上流社会的交际场中立足，华伦夫人不但不断敦促卢梭学习数学、医学、历史、哲学等各个领域的知识，而且还让他学习跳舞、剑术等社交领域的基本技能。但是，掌握这些上流社会的繁文缛节对卢梭来说苦不堪言，华伦夫人也越来越入不敷出。随着管家的去世，二人对城市生活愈发厌倦，1736 年夏末，卢梭和华伦夫人一同移居至幽静的沙尔麦特。

沙尔麦特村位于距离尚贝里不远处的小山谷中，这里绿树成荫，溪水蜿蜒，幽雅僻静。卢梭与华伦夫人在此度过了一段宝贵的闲适时光："我一生中的短暂的幸福就是从这里开始的；使我有权利说我不曾虚度此生的那些恬静的但迅即逝去的时光，就是这时开始的"。[①]卢梭的健康存在很大问题。自出生时起，他的身体就一直为各种各样的疾病所困扰，非常虚弱。在沙尔麦特时，卢梭不仅难以消化食物，甚至还得了一种怪病：发病时全身的血管似乎都要爆炸，就像癫痫般浑身颤抖，听觉也变得迟钝。不仅如此，他还遭受着其他病痛的折磨，包括精神方面的神经过敏症。一直到晚年，卢梭都因疾病痛苦不堪。但他的病痛却无人理解，反被周围的人认为是性情乖张孤僻。由于体力不济，做不了什么田间工作，卢梭只好读书。根据书本上得来的病理学知识，卢梭自认为其病症的原因是心脏上长了一颗肉瘤。为了治病，他前往蒙佩利埃。在旅途中他与一位贵

卢梭故居内展示的卢梭资料（赵荔红 摄）

① 卢梭．忏悔录（第一部）[M]．范希衡，黎星，译．北京：人民文学出版社，1982：280.

妇人相恋，但经过一番思想斗争，还是决意效忠华伦夫人。可当他快马加鞭回到沙尔麦特时，发现自己的位置已经被一个青年取代了，华伦夫人对他的态度也越来越冷淡。一方面，因华伦夫人往昔的热情不再，卢梭深感痛苦、悲伤；另一方面，华伦夫人的生活也日益困窘。为了能够独立谋生，也为了报答华伦夫人的恩情，卢梭决定动身去巴黎，以求出人头地。1742 年 7 月，30 岁的卢梭携带着他认为可以在巴黎掀起一场革命的乐谱稿本和他自认为仅有的音乐才华，来到了巴黎。

扬名巴黎

“如果你有一点天才的话，请到巴黎去住一年，你马上就能充分地发挥你的天才，否则你就会一事无成的。”① 巴黎，在当时被认为是世界的中心，地上的天堂。巴黎的沙龙决定着时代的潮流，风雅人士和艺术爱好者都渴望在这里受人赏识，被人吹捧。但是，在卢梭看来，这却是他后半生不幸的起点：“我前半生那些美好的年月，都是在既宁静又纯洁的境况中度过的，那些甜蜜的往事给我留下了成千上万滋味无穷的印象，使我乐于不断地回忆。”② 然而，重温后半生的回忆，就是重尝它们的苦涩。这些回忆凄凉无比，带给正在提笔书写《忏悔录》的卢梭无尽的辛酸。为了躲避迫害，卢梭一直在外流浪，他之所以撰写《忏悔录》，就是为了在政府、教会，甚至曾经的好友对他的打压和攻击下，以自我审判的方式为自己进行澄清和辩护。从卢梭初入文坛，大放异彩，一直到卒于法国乡间，其间不过十余年，他却招致了诸多非议乃至骂名。这既与他沉郁多疑的性格有关，也不乏周围人对他的误解。

初到巴黎时，卢梭已经 30 岁了，仅有的钱财被他散尽，所谓的乐谱也不被接受，无所凭依，只能终日在街头闲逛。一位神父告诉卢梭，

① 卢梭．爱弥儿 [M]. 李平沤，译．北京：商务印书馆，1972：504.

② 卢梭．忏悔录（第一部）[M]. 范希衡，黎星，译．北京：人民文学出版社，1982：344.

“在巴黎，什么事都要靠女人才做得起来”[1]，并建议他去接近杜宾夫人。杜宾夫人热衷于接待显赫的权贵，尽管卢梭屡次三番想讨杜宾夫人的欢心，但在她看来，卢梭只是个拙劣的音乐家，因而对他冷眼相待。卢梭不禁忖度起自己的生活：低三下四、逆来顺受、向人乞讨……他十分痛恨自己的羞怯、软弱和疏懒，于是开始着手创作歌剧。此时，卢梭在巴黎结识的一些夫人们为他寻得一份驻威尼斯大使馆秘书的差事，他终于又有了工作。但仅仅过了一年，他就因与骄矜的大使争吵不断、关系破裂而辞职。在一个特权至上的社会里，卢梭追求的正义在其他人看来是可笑的。如何才能谋生呢？卢梭认为自己有创作才能，于是他又重新写起那部因去威尼斯而搁置的歌剧。可惜，由于没有人推荐和提携，剧院拒绝演出他的作品。迫于生存的压力，卢梭只得回到杜宾夫人家，当了一个无所不能的秘书：听凭他人差遣，抄抄写写，整理材料。“我成天无所事事，但我的时间又无法支配，因为我要寸步不离地陪伴那些无

尚贝里郊区沙尔麦特卢梭故居（赵荔红 摄）

① 卢梭．忏悔录（第一部）[M]．范希衡，黎星，译．北京：人民文学出版社，1982：358.

卢梭沙尔麦特故居内景（赵荔红 摄）

所事事的人。”[①] 37岁的卢梭，一事无成，他的前途显而易见——最多只能在主人家当一个家庭教师。至于他的伴侣洗衣女仆黛莱丝，卢梭压根没想过要跟她结婚。那几个意外诞生的孩子，被卢梭和黛莱丝遗弃在了育婴堂。对卢梭来说，生活的乐趣仅限于有几个志同道合的朋友。其实，由于性情孤介，卢梭的朋友屈指可数，其中有一位，卢梭与他几年前在咖啡馆偶然结识，便一见如故，成为莫逆之交，那就是正在编纂《百科全书》的狄德罗。

1749年夏天的一天，为了探望因触怒权贵而遭幽禁、刚刚出狱的狄德罗，卢梭步行走在一条乡间小路上。他雇不起马车，天气又热，只好随手翻阅一本杂志，这本杂志就是《法兰西信使》。上面一则第戎学院的有奖征文广告吸引了他的注意，征文的题目是“科学与艺术的复兴是否有助于敦风化俗”。看到这个题目，卢梭犹如被一道电流直击内心，对真理、自由、道德的热爱全部苏醒，情感和思想霎时间如火山爆发的熔岩般奔涌而出。在狄德罗的鼓励下，卢梭写下《论科学与艺术》（通常简称《第一论》）一文前去应征。次年，卢梭的文章赢得头奖，从此一举成名。为了这一天，卢梭已经在巴黎等待了10年。

卢梭因一篇文章名声大噪，终于实现了出人头地的愿望。但是，当晚年的卢梭回忆往事时，不禁感慨：“此后，我的一生，我所有的不

① 特鲁松．卢梭传[M]．李平沤，何三雅，译．北京：商务印书馆，1998：126.

幸，都是这一刹那的狂妄产生出来的不可避免的后果。”① 卢梭本无意走上作家的道路，命运却让他在中年之际找到了自己的天职。有了这个极好的开头，倘若他谙悉人情世故，那么他完全可以在巴黎的上流社会中如鱼得水。但是，18 世纪巴黎上层阶级奢靡的生活方式与他崇尚自由的天性格格不入，那些人际交往必备的烦琐礼仪，他无论如何都学不会，对此他既感到羞怯、惶恐，又非常蔑视、排斥。于是他坚持以抄写乐谱来维持生计。这反而激起公众的好奇心，人们争相前来拜访，想看看这个颇具个性的愤世嫉俗者。卢梭抱怨道：“我简直要和傀儡戏里的滑稽小丑一样，几个钱看一次了。我真不知道还有什么比这更屈辱人、更残酷无情的奴役生活了。”② 巴黎的热情款待令卢梭十分反感，越接近这些被人们视为理所当然的“美德”“礼节”，他越清醒地意识到它们的虚伪。在小说《新爱洛伊丝》中，卢梭借主人公之口说道：“从来不曾见过面的人有办法一下子成为朋友吗？对人类的高贵的同情以及坦诚的心灵的简单和动人的流露，它们使用的言语是跟虚有其表的谦恭和世俗要求的虚言客套完全不同。”③巴黎的社交界看似亲切殷勤、谦恭有礼，实际上只是表面的同情、廉价的温暖。人人都会说：需要我时我会竭尽全力帮助您。如果这种话都算数，那么世界上不会有其他地方比巴黎的财富更平均的了。但是，巴黎反而是世界上贫富最悬殊的地方。可见，这些人类文明中的“德行”虚有其表，不仅无益于人类德行的进步，而且还败坏道德，违背人类本真的性情。正如他在《第一论》中所表达的思想：科学与艺术让人们用社会礼仪来代替德行，迫使人们隐藏真正的自我，象征着人类文明进步的科学与艺术，其发展却是以人类道德的堕落为代价。更重要的是，社会的制度、习俗束缚人的精神，主宰人的思想，它邪恶且虚伪的一致性吞噬了人们

① 卢梭．忏悔录（第一部）[M]．范希衡，黎星，译．北京：人民文学出版社，1982：434.

② 卢梭．忏悔录（第一部）[M]．范希衡，黎星，译．北京：人民文学出版社，1982：453.

③ 卢梭．新爱洛伊丝（第一、二卷）[M]．伊信，译．北京：商务印书馆，1990：270.

独立判断的意志和思考真理的自由："礼节不断地在强迫着我们，风气又不断地在命令着我们；我们不断地遵循这些习俗，而永远不能遵循自己的天性。"[①] 卢梭一马当先，要率先突破这道枷锁，当他的歌剧《乡村卜师》在枫丹白露大获成功，国王路易十五要接见他并赐予他丰厚的赏金时，卢梭拒绝了。

《第一论》是卢梭的第一篇论文，在行文论述的过程中难免有疏漏，却已经鲜明地体现了卢梭敢于同整个统治阶级对抗的勇气。"文中每一个字眼都有一股冲劲，要摆脱一切压制性的学识，要甩掉知识的所有重负与辉煌，为的是找到一条路径重返那天然纯朴的生存形式。"[②] 卢梭对巴黎社交界的批判，恰恰源自他对爱的深切感受，对纯洁友谊的向往，对无私奉献等美德的追求。这种对社会进步的怀疑、爱憎分明的个性也为卢梭招致了诸多非议，文人们争相对他进行讨伐。但大多数人都误解了卢梭。卢梭厌恶的是巴黎社交界的虚伪礼仪，而不是要与一切人类文明为敌。他虽讴歌自然，却不曾要求人们返回蛮荒状态，疏远文明，只是认为人们应该在已经达到的社会水平下重新找回自然的美德。如果说《第一论》的逻辑还不严密，思想还不够成熟，那么到了 1755 年，在卢梭发表的《论人类不平等的起源和基础》(简称《第二论》)中，卢梭对自然状态与人类社会进步以及私有制的论证已更加明确、清晰。

不合时宜的思想

1753 年，卢梭又一次应第戎科学院之征撰写论文。这次第戎科学院征文的主题是：人类不平等的起源是什么？人类的不平等是否为自然法所认可？这就是《第二论》诞生的背景。翻开《第二论》，不难感受到卢梭撰文时是多么踌躇满志，他用酣畅的笔墨将其所思所想娓娓道来，

① 卢梭．论科学与艺术 [M]. 何兆武，译．北京：商务印书馆，1963：9-10.

② 卡西勒．卢梭问题 [M]. 王春华，译．南京：译林出版社，2009：43.

沙尔麦特华伦夫人房间（赵荔红 摄）

一气呵成。在卢梭看来，整个欧洲没有几个人能真正理解《第二论》，就算有人理解，也不愿意谈论它。至少第戎科学院的评委们就没能读完。他将《第二论》寄给当时的文坛领袖伏尔泰后，伏尔泰用惯有的讥讽语气调侃道："先生，我收到了您反人类的新著。从来没有人用这么多的才智来让我们变得愚蠢，读您的大作简直让人想趴在地上用四条腿走路。"卢梭性格刚直，被同时代人一致认为缺乏幽默感，其文章风格也如其人一般直率真诚；伏尔泰则擅长运用巧妙犀利的讽刺取悦读者。即便伏尔泰的评价有几分玩笑的成分，但也令卢梭感到极其愤怒、委屈。

毫无疑问，《第二论》是卢梭最重要的作品之一。卢梭在之后的著作，如《论政治经济学》《社会契约论》《爱弥儿》中所探讨的主题，无论是形而上学、政治思想、伦理观，还是教育思想都在《第二论》中奠定了基础。要充分回答征文的问题，卢梭认为，必须要先理解"人类的本性"，并且要将人本身固有的一切和"因环境与人的进步使他的原始状态有所添加或有所改变的部分"[①]区别开来。在卢梭看来，自我保护和怜悯心是人和其他动物共有的属性，而自由意愿和自我完善的能力却是人类独有的，这四种核心要素构成了人类的本质。回顾人类的自然状态，在那些原始人、野蛮人之间不存在社会关系，唯一的不平等就在于

① 卢梭．论人类不平等的起源和基础[M]．李常山，译．北京：商务印书馆，1997：62.

身体强壮与否，但这也不足以让一个人统治他人。当那些将人与动物区分开来的本质驱使着人类建成文明社会后，不平等不仅存在于身体上，更存在于社会地位、经济和政治中，而它们都建立在私人财产——也就是私有制的基础之上。所以，“在自然状态中，不平等几乎是不存在的。由于人类能力的发展和人类智慧的进步，不平等才获得了它的力量并成长起来；由于私有制和法律的建立，不平等终于变得根深蒂固而成为合法的了”[①]。因此，所有将这些不平等的现象合法化的哲学体系都是值得怀疑的，自然法也在内。对于第戎科学院的征文题目，卢梭直截了当地进行了反驳。

从卢梭的结论，不难料想他将遭到同时代人来势汹汹的口诛笔伐。在一个人们都为科学与艺术步入新一轮高峰而欢呼雀跃的时代，在启蒙之光照亮人类文明进程、理性大旗高扬的时代，卢梭却在为人类道德的堕落、社会的苦难和不平等而忧虑。这种忧虑的声音太不合时宜，卢梭甚至被视为启蒙的“敌人”。卢梭本与以狄德罗为代表的百科全书派启蒙思想家交谊匪浅，也曾为《百科全书》撰写《政治经济学》这一条目，但思想上的背道而驰，加之卢梭性格内向且敏感多疑，不愿遭受束缚，导致卢梭与昔日的好友纷纷交恶。1758 年，卢梭撰写《致达朗贝尔的信》抨击伏尔泰与达朗贝尔要在日内瓦修建剧院的倡议，宣告他与百科全书派彻底决裂。

“哲学家在不断对人类的命运进行思考和观察之后，便按照人的价值来评判人，因此，他不可能对他所轻视的人产生深厚的爱；他将把一切利益都捞归自己，而有道德的人则是与他自己的同胞分享的。”[②]至于文学家，要么为了得到吹捧和掌声而卖弄才华，要么把同行当冤家，造谣中伤别人——这就是卢梭眼里的巴黎哲学家和文人。对巴黎社交界的厌恶自他到来伊始就渗入他的内心，而且越来越深，加之与周围

---

① 卢梭．论人类不平等的起源和基础 [M]. 李常山，译．北京：商务印书馆，1997：149.

② 卢梭．卢梭散文选 [M]. 李平沤，译．天津：百花文艺出版社，1995：140.

人的矛盾日益加剧，卢梭只想尽快逃离。1756年，在友人埃皮奈夫人的帮助下，卢梭得以迁居至巴黎市郊的退隐庐。此前他本想回到自己的家乡日内瓦。两年前，他曾回到日内瓦再度皈依新教；可惜他的“仇敌”伏尔泰已经先行一步在日内瓦定居。退隐庐紧挨着森林，十分幽静，令他想起在沙尔麦特的甜蜜时光：“我感到我生来就是为了退隐和乡居的，不可能在别的地方生活得更幸福。”[①] 终于回归他日思夜想的乡野生活，卢梭暗自庆幸。

在紫罗兰和迎春花的迎接下，在夜莺的歌声中，卢梭开始整理文稿，为自己安排下一步的工作。他构思已久、已经动笔且最想倾注精力进行下去的作品，就是《政治制度论》——后来改名为《社会契约论》。不过，想到其言论可能引起的风暴，卢梭也十分忧虑。他将自己视作法兰西的异国之人，认为法国政府对他并不看重，如此他就有胆量说出真理。但是，这部书对人类历史进程的影响之广、威力之大，恐怕卢梭自己无论如何都想象不到。它直接导致了1789年法国大革命的爆发；为美国《独立宣言》的起草提供了理论基础；当它漂洋过海来到中国，立刻在半殖民地半封建的中国社会激起一股自由解放的革命思潮，给了当时的进步知识分子一次“起死回生”般的思想启蒙，推动了中国的旧民主主义革命。“人是生而自由的，但却无往不在枷锁之中。”[②] 这句卢梭写在《社会契约论》开篇的隽语，被全世界不计其数的读者们铭记在心。

如果说，卢梭此前只是揭示出在一个不平等的社会中人类堕落的原因，那么现在卢梭要为同时代人重建一个“理想国”。人类已经不能回到自然状态，社会又如此邪恶且不公，那就只有推翻现在的社会，建立一个能够实现真正自由的政治共同体。“要寻找出一种结合的形式，使它能以全部共同的力量来卫护和保障每个结合者的人身和财富，并且由

① 卢梭．忏悔录（第二部）[M]．范希衡，黎星，译．北京：人民文学出版社，1982：496.

② 卢梭．社会契约论 [M]．何兆武，译．北京：商务印书馆，1982：4.

于这一结合而使得每一个与全体相联合的个人又只不过是在服从其本人,并且仍然像以往一样的自由。”[①]这就是社会契约。社会契约的结果,就是主权在民。当人类通过缔结社会契约走向政治共同体后,生活在政治社会中的人们虽不可能再享有自然状态下的自由,却获得了社会自由。社会自由,就是对法律的服从。因为社会契约不是外部强加的意志,而是人们亲自建构和创造出来的。通过社会契约,分散的个人结合成共同体,赋予共同体以意志的法律必须反映全体成员的共同意志。共同意志即公意,它永远以公共利益为皈依,至高无上,不可摧毁。在社会生活中,服从经自己同意的法律,就是服从公意,也就是服从自身。法律以公共的福祉为根本,因此是善的。除了法律和人们内心的道德,人们不需要服从其他任何人或集体。

卢梭的目标不止于此,他追求的是一个超越自然状态的道德“乌托邦”。“卢梭提出要以一种新的对人的定义来取代传统的定义,在他看来,不是理性而是自由成为了人的特质”[②],“放弃自己的自由,就是放弃自己做人的资格,就是放弃人类的权利,甚至就是放弃自己的义务”[③]。作为卢梭思想的核心,自由的含义有以下三层:自然自由、社会自由、道德自由。道德自由才是使人类不依附他人,真正做自己的主人,实现自我意志的关键所在。不但遵守法律,而且更服从内心的道德法则;不被自己的贪欲、私利、偏见所蒙蔽,不去压迫、剥削和侵犯他人——这种人在卢梭看来才能被称为“公民”。一个良好的政体、优秀的政府,就要教导每一个公民达到道德自由。

两个多世纪过去了,《社会契约论》中提倡的民主共和、天赋人权、人民主权等理念已经在许多国家的政体中得到了践行。历史的车辙已经证明,逆抗潮流、踽踽独行的卢梭才是时代的预见者。作为“法国大革命

---

① 卢梭.社会契约论[M].何兆武,译.北京:商务印书馆,1982:19.

② 施特劳斯.自然权利与历史[M].彭刚,译.北京:生活·读书·新知三联书店,2003:252.

③ 卢梭.社会契约论[M].何兆武,译.北京:商务印书馆,1982:12.

之父”，1794 年，卢梭的遗体在隆重的仪式中被请入先贤祠，与伏尔泰的灵柩相对，占据着先贤祠最显要的位置。自由、平等、博爱，这句法国大革命时期中最响亮的口号，其重要源头是卢梭的思想，如今已被写进宪法，变为三色旗，在法兰西共和国的土地上飘扬。但是，在当今社会，卢梭的理想还远未实现。而当人们想探求社会变革的可能性时，就势必要回顾卢梭遗留的精神遗产——这是人类思想不朽的宝藏和财富。

流亡岁月

1762 年，在《社会契约论》出版两个月之后，《爱弥儿》终于问世了。虽然这部作品卢梭仅用了 3 年时间就完成了，但在他的脑海里，已经酝酿了 20 年之久。卢梭本以为它会再一次在读者中间引起轰动，就像他之前所出版的那些著作一样，但奇怪的是，他收到不少私下的称许，却没有多少人敢公开赞扬。卢梭也觉察出些许不同寻常：那些对《爱弥儿》的评论太过小心谨慎了，似乎这是一本需要保密的书。果然，几天后，巴黎最高法院便下令要逮捕《爱弥儿》的作者。当时，为了保护自己的安全，许多作家出版作品时都用笔名来掩人耳目，但是卢梭坚持使用真名，为自己的言论负责。在政府的通缉下，他不得不尽快逃离巴黎。该去哪里呢？卢梭想到了自己的家乡日内瓦。但是仅仅在巴黎当局的逮捕令下达 9 天后，日内瓦也对卢梭下达了通缉令。“这两个通缉令就是信号，全欧洲都起来咒骂我了，其愤激之情，真是史无前例。”① 而这一切祸端的导火索，就是卢梭在《爱弥儿》中谈论其宗教观的一节：“一个萨瓦牧师的信仰自白”。巴黎大主教称，《爱弥儿》颠覆了基督教的基础，背离了圣经和教会，是渎神的、异端的；日内瓦总检察长也抨击了《爱弥儿》表达的非正统宗教观。尽管卢梭不断撰文为自己辩护，但他还是背负着“异教徒”“无

① 卢梭．忏悔录（第二部）[M]．范希衡，黎星，译．北京：人民文学出版社，1982：728.

神论者”“疯子”“野兽”等种种骂名，在各个国家的驱逐下漂泊流离，一度走投无路。

事实上，卢梭虽在天主教和新教之间几番转换信仰，但自始至终都是一个虔诚的教徒，从未怀疑过灵魂和上帝的存在。并且，他认为宗教是维持政治社会运行的必要手段，没有宗教信仰，一个民族既不会也不能长久地存在下去。卢梭的宗教观念之所以冒犯教会，是因为他是从自然出发进而认识上帝的。对于上帝的本质、上帝创造世界万物等问题，虽然以人类的智力不能认识，但是可以通过“自然的秩序”和“良知的直觉”去推论。卢梭说：“我把所有一切的书都合起来。只有一本书是打开在大家的眼前的，那就是自然之书。正是在这本宏伟的著作中我学会了怎样崇奉它的作者。”[①] 正是由于自然的语言人人都懂，所以人在认识自然、认识自我的过程中就可以获得对上帝的认识。换句话说，个体的生命就是信仰的根源。同时，在卢梭那里，上帝是使宇宙运行、安排自然秩序、令万物具有生命的意志和存在，因此上帝更像自然本身。可见卢梭的宗教观有明显的自然神论色彩。但卢梭的思想更加深刻，他为自然注入了道德意蕴，出自造物主之手的东西都是好的，到了人手里才变坏。卢梭否认了“原罪”，让社会成为罪恶的承担者，认为人类要想重新向善，就要诉诸上帝赋予个人的自由意志，并借此进行道德选择，从而达到改造社会的目的。

正直、善良、道义等美德，是上帝要求和赐予人类的，崇拜上帝就要遵循这些道德价值，这就是卢梭坚持的宗教理念。他毫不怀疑人类天性的良善，因此在《爱弥儿》中，涉及如何教育出有道德的公民时，他认为要先培养一个“自然人”，而后再引导他成为社会的公民。培养“自然人”的首要条件就是避开社会，在社会之外进行教育，不让习俗和制度扼杀他们的天性。对于出生在达官显宦之家的儿童来说，从一开始就

---

① 卢梭．爱弥儿（上卷）[M]．李平沤，译．北京，人民教育出版社，2001：449.

需脱离周围社会环境的“污染”，这也是卢梭选择出生于名门之家的爱弥儿作为自己假想学生的原因。卢梭用长达五卷的篇幅，细致地讲述了从爱弥儿出生到成人每一个阶段的教育方针和理念。在幼儿阶段，教育必须服从自然的指导，遵循儿童身心发展的规律，根据儿童的个性，为儿童自然发展创造条件。到了少年阶段，教师要通过巧妙的教学方式培养孩子对知识的兴趣，使孩子养成独立学习、判断事物的能力。发展到青年时期，就必须进行道德教育，通过让孩子观察社会，了解人类的苦难，培养他们丰富的感情及善良、勤劳的品性，使他们对一切人都怀揣热爱之心。时至今日，卢梭在18世纪深入思考的教育理念依然没有过时，而且历久弥新，引人深思。

但彼时的卢梭，在众人的谴责声中仓皇逃难。既然不能踏入法国、瑞士乃至普鲁士的国境，卢梭只好逃往瑞士比埃纳湖中的圣皮埃尔岛，然而小岛的统治者也下令将他驱逐。卢梭早已料到已经没有哪个国家敢再接受他了。此时，英国哲学家休谟向卢梭伸出了援助之手。虽与卢梭素未谋面，但休谟早已听闻过他的大名，且十分敬佩他的才华。1766年，在休谟的邀请下，卢梭到达伦敦。仅仅一年的时间，卢梭和休谟就因种

故居外景

种误会和猜忌而发生龃龉，宣布绝交。

1767 年，卢梭离开英国，回到法国。他不仅身体状况极差，而且精神也极度紧张。长久以来政府和教会对他的驱赶、迫害，受教会影响的普通民众对他的恐吓、攻击，曾经的朋友、如今成为敌手的文人们对他的憎恨、嘲讽，所有这一切使得卢梭几近精神失常。他精神恍惚，暴躁不安，疑神疑鬼，认为周围人都在诋毁他、诅咒他。1768 年，56 岁的卢梭在上帝面前，宣布迎娶陪伴了他 25 年的黛莱丝为妻。1770 年，卢梭和妻子回到了曾经在巴黎居住过的公寓。历时 8 年，卢梭的流亡生涯终于结束了。

并不孤独的孤独者

1778 年 7 月 2 日，卢梭在巴黎东北处的一个村庄中安静地离开了人世。此时，距伏尔泰去世不足两个月。启蒙时代最闪耀的两颗明星，就这样相继陨落。临终前，让卢梭惶恐不安的，是他小时候撒下的一个谎言——他诬陷一个女仆偷了一条丝带，其实那条丝带是他自己偷的。对将“把一生奉献给真实”作为座右铭的卢梭来说，这个谎言的代价实在太大了。《一个孤独漫步者的遐想》是卢梭的最后一部作品。在这部书的前言中，卢梭言辞恳切地说：“不知本作品会落入何人手中。对这些人，如果我斗胆提出一个请求，那便是：恳请你们在处置本作品甚至在向任何他人谈起本作品之前，将它从头至尾读一遍。但我事前便可以肯定，我不会得到这种恩典。所以，我也就一言不发，而将一切托付于命运了。”①

走到生命尽头的卢梭，已经不再对他人的理解抱有希望。这种与世界隔绝的孤独感一直伴随着他：“从童年时代起，我就置身于社会涡流之中，我早就亲身体会到自己并不适合在这个社会里生存，知道自己永

① 卢梭．卢梭评判让－雅克：对话录［M］．袁树仁，译．上海：上海人民出版社，2007：提示页．

远也不能达到我心渴盼的那种境界。”[1] 作为在群体中生活的一个人所必须接受的制约，卢梭永远无法适应，因而，他从未真正属于过这个要求着责任和义务的世俗社会。但就是这样一个离群索居的人，他的心却从未远离这个社会。他连一天学校的正规教育都没有接受过，却不断沉思着社会所需要的正义、自由、公平，分析社会出现的问题，并尽其所能拿出解决方案。在 18 世纪等级森严的政治制度下，他让身居底层的贫苦人民明白 ：“一个平头百姓也能捍卫真理，乃至和一个君主抗衡。”[2] 卢梭虽出生于 18 世纪的欧洲，但他面对的听众绝不限于自身所处的时代，准确地说，卢梭的听众是整个人类。

其实，卢梭自步入文坛开始就一直拥有着大批忠实的“粉丝”，欧洲的贵妇人和小姐们也都对他十分狂热，而这都是因为《新爱洛伊丝》。小说中的主人公少女朱莉和她的家庭教师圣普乐之间浪漫动人却又凄凉感伤的爱情故事令她们潸然泪下。借助书信体的形式，主人公的情绪得以真实地向读者倾诉，卢梭优美细腻的笔触尽情渲染了爱情的温柔和甜蜜、受压抑的痛苦和无奈、求之不得的矛盾和焦虑，令读者感同身受。卢梭的目的却不在于讲述故事，而是表达他对情感和道德问题的思考，因此书中感情与哲理并存。但《新爱洛伊丝》之所以能取得巨大成功，与卢梭能将汹涌澎湃的激情融进字里行间，鼓荡人心的天赋不无关系。卢梭不仅具有修辞才华——这只是成为优秀作家的第一步——还具有一种无与伦比的激情，与这种激情相比，卢梭的雄辩仿佛只是一个副产品。他那描绘人类一切情绪与感受的能力是与生俱来、无可替代的，他的文字不是出自笔下，而是直接出自内心。这种强大的生命力使他成为当之无愧的“浪漫主义运动之父”以及“狂飙突进运动”的精神导师。“卢梭出现之前，自发抒情的情绪在法国看似几乎完全枯竭。”[3] 是卢梭让将

---

① 卢梭 . 一个孤独漫步者的遐想 [M]. 袁筱一，译 . 上海：上海人民出版社，2007：35.

② 卢梭 . 忏悔录（第二部）[M]. 范希衡，黎星，译 . 北京：人民文学出版社，1982：451.

③ 卡西勒 . 卢梭问题 [M]. 王春华，译 . 南京：译林出版社，2009：76.

抒情忘得一干二净的欧洲重新回忆起情感的动人，在卢梭式激情的鼓动下，歌德的《少年维特之烦恼》得以诞生。被卢梭震撼、慰藉、感动的，还有拜伦、席勒、雪莱、雨果……正如德国哲学家卡西勒所说："他用完全一己之思想、感情和激情的动力，来反对那个世纪本质上静止的思想模式。"①这是卢梭在欧洲精神史上开创的新纪元。

不止如此，对康德而言，卢梭更是"人性和道德领域里的牛顿"。康德的书房非常简朴，其中只有唯一一件装饰品：一幅让—雅克·卢梭的肖像画。1761年，《新爱洛伊丝》出版，紧接着便有了德语译本。次年，《社会契约论》和《爱弥儿》相继出版，比卢梭年轻12岁的康德马上就注意到了这些作品。这个理性得近乎刻板的人每天都要去散步，唯独有一次，康德因沉浸在《爱弥儿》的阅读中无法自拔而忘记出门。这令他的邻居们十分惊愕，因为他们都根据康德的散步时间来调整时钟。卢梭的文字情感饱满，扣人心弦，令严谨且自律的康德都忍不住心旌摇荡——"读卢梭的著作，必须读到他那华彩的文笔不再使我神魂颠倒为止，只有到那时候，我才能借理性去审察他"②。这种内在的冲击带给康德的，不仅是哲学方面对道德的思考和重视，还有自身对待人类态度的转变："我自以为爱好探求真理，我感到一种对知识的贪婪渴求，一种对推动知识进展的不倦热情，以及对每个进步的心满意足。我一度认为，这一切足以给人类带来荣光，由此我鄙夷那班一无所知的芸芸众生。是卢梭纠正了我。盲目的偏见消失了，我学会了尊重人性，而且假如我不是相信这种见解能够有助于其他人去确立人权的话，我便应把自己看得比普通劳工还不如。"③的确，如果说牛顿发现了外在世界的秩序和规律，那么卢梭探索的就是人的内在宇宙。他让康德明白：哲学不是别的，只是关于人的知识。

卢梭对那个时代产生的冲击和震撼，今天的人们已经很难再体会到

① 卡西勒.卢梭问题[M].王春华，译.南京：译林出版社，2009：32.

② 卡西尔.卢梭·康德·歌德[M].刘东，译.北京：生活·读书·新知三联书店，2015：16.

③ 卡西尔.卢梭·康德·歌德[M].刘东，译.北京：生活·读书·新知三联书店，2015：10.

故居门前大街

了。更多的人反而对他在《忏悔录》中披露的个人隐私津津乐道，甚至以此对他求全责备。对卢梭思想的讨论，总免不了变成对卢梭本人的讨论，而卢梭本人的形象，也在后代那些追求私利的阐释者手中不断被歪曲、变形。的确，敏感、多疑、感情用事……卢梭有许多普通人身上的性格缺陷，他遗弃自己的子女、与朋友交恶也是不争的事实。但是，他同样甘于清贫，从不追名逐利，即便一生都饱受穷困之苦，他也能平和且从容地应对物质上的匮乏。另一方面，他坚持捍卫自身意志和品格的独立性，绝不允许他人对自己随意安排、指手画脚。更为可贵的是，他真诚地挖掘自己的内心，揭露自己的伤疤，那是大多数人都因恐惧而小心翼翼、不敢触碰的部分；他将一生的热情都奉献给对真理的追求、对人类社会的关怀和同情。与他高尚的人格以及卓越的贡献相比，那些性格上的弱点、犯下的微过细故又有什么紧要？那个通过作品来触动他人内心的挚诚卢梭将会一直引起新的评说，因为对于他，无论人们此前已经说了多少，还是会感觉说的远远不够。

（撰稿：耿晨）

参考文献

卡西尔. 卢梭 · 康德 · 歌德 [M]. 刘东，译. 北京：生活 · 读书 · 新知三联书店，2015.

卡西勒. 卢梭问题 [M]. 王春华，译. 南京：译林出版社，2009.

卢梭. 论科学与艺术 [M]. 何兆武，译. 北京：商务印书馆，1963.

卢梭. 爱弥儿 [M]. 李平沤，译. 北京：商务印书馆，1972.

卢梭. 忏悔录（第一部）[M]. 范希衡，黎星，译. 北京：人民文学出版社，1982.

卢梭. 忏悔录（第二部）[M]. 范希衡，黎星，译. 北京：人民文学出版社，1982.

卢梭. 社会契约论 [M]. 何兆武，译. 北京：商务印书馆，1982.

卢梭. 新爱洛伊丝（第一、二卷）[M]. 伊信，译. 北京：商务印书馆，1990.

卢梭. 卢梭散文选 [M]. 李平沤，译. 天津：百花文艺出版社，1995.

卢梭. 论人类不平等的起源和基础 [M]. 李常山，译. 北京：商务印书馆，1997.

卢梭. 爱弥儿（上卷）[M]. 李平沤，译. 北京，人民教育出版社，2001.

卢梭. 卢梭评判让－雅克：对话录 [M]. 袁树仁，译. 上海：上海人民出版社，2007.

卢梭. 一个孤独漫步者的遐想 [M]. 袁筱一，译. 上海：上海人民出版社，2007.

施特劳斯. 自然权利与历史 [M]. 彭刚，译. 北京：生活 · 读书 · 新知三联书店，2003.

特鲁松. 卢梭传 [M]. 李平沤，何三雅，译. 北京：商务印书馆，1998.

马丁·路德

在德国艾斯莱本小镇广场上，一尊基督教新教路德宗创始人马丁·路德的铜像在柔和的阳光下独自矗立着。他中等身材，形容枯瘦，手持一本圣经，极目远眺，神态自若。他似乎在数百年的光阴流变中沉思默想，又仿佛在向世界娓娓述说着那场轰轰烈烈的宗教改革运动。难以想象，这副孱弱的身躯曾以犀利的笔锋和火一样的热情，直斥教皇制和罗马教会，向世界各地的人民无所顾忌地大声阐述自己的主张，将一把烧得炽热的改革利剑直直插进了罗马教廷的心脏。五个世纪来那把利剑一直炽热无比，直至今日。

如今，在艾斯莱本这个名不见经传的小镇里，纪念马丁·路德的建筑随处可见，1996年，这些纪念建筑群还作为著名世界文化遗产被列入了《世界遗产名录》。站在车水马龙的小镇街道上，仰望林林总总的各色纪念建筑，我们便忍不住回顾马丁·路德的一生：他从降生之初便深受这里宗教氛围的熏陶，从而奠定了他走向宗教改革之路的基础；在因触碰了上层利益而深受教会迫害时，马丁·路德一度又回到这里避难，在这里他为进一步祛除教

马丁・路德故居（德国艾斯莱本）

会的痼疾而积蓄力量；就连在离世前的最后清醒时刻，马丁・路德还在这里传道解惑，将自己坚忍顽强的精神气质传递给后来者。

在喧闹的小镇广场对面，有一座古朴静谧的宅院，那便是基督教新教路德宗创始人马丁・路德诞生与逝世的地方。宅院门口路德的石制头像下刻有这样一句警句：

路德之学乃基督之言，
其因此而永存。

这句警句正如著名宗教史学者托马斯・林赛指出的那样：如果不能说每一个国家的宗教改革都来自路德，那么，也几乎不可否认，路德给予了其同时代人激励人心的勇气和信仰。

推开木门走进庭院，到处可见生机勃勃的盆栽和鲜花，一切都是那么朴实和典雅，让人感觉似从一个喧闹的集镇步入了另一个幽秘的世界。房间里的摆设大多陈旧而简朴，但难以看到一件多余的用物。在狭窄的阁楼上，摆着黑板与几排桌椅，似乎马丁・路德在这里认真讲道授课的情景就发生在昨天。

马丁・路德在 1483 年 11 月 10 日午夜时分降生在一个不大的庭院内，他出生第二天便是圣・马丁日，他也是在这一天受洗礼的，因此而得名。马丁·路德所获得的这个圣者之名似乎已经预示了他将忠诚于基督教，并为之带来重大转变。16 世纪，一场变革的风暴即将席卷欧洲大陆，在此之前，欧洲大陆一直遭受着罗马教廷的蹂躏，路德便是那场风暴中的一道闪电。在那场旷世风暴中，路德大无畏地直斥教廷滥用权力，反对教皇教令至上，呼吁人们回归圣经真理，以圣经为唯一最高权威。路德的呼吁犹如狂风，推动了这场神学和政治上的风暴，给欧洲大陆带来了翻天覆地的变化。

可以说，这座小院见证了这位 16 世纪的奥德修斯如何一步步地走过那些剧烈变动的岁月，如何由罗马教会的不二之臣变成了粉碎天主教的战士，如何由教皇的忠实奴仆变成了罗马教廷的叛逆者。马丁·路德人生中的每一步都走得那么惊心动魄，往往刚出龙潭，便落入了虎穴；但他每一步都走得那么坚定，驯顺地遵循上帝的真知指引，将他的时代带上了伟大的历史征程。

轻轻推开这座小院吱呀作响的木门，我们便能看到路德这一路走来的踪迹……

教徒之路

马丁·路德出生于一个比较富裕的市民家庭，父母都是虔诚的基督徒。在路德学龄前，父母就对他进行了严格的宗教教育。路德自小就接受了当时朴素的基督教宗教观念，开始自觉地接触流传甚广的基督教读物，如《圣诗》《主祷文》《基督教十诫》《史徒信经》《教义问答手册》等，并能在亲友面前朗声诵读。

路德仅 4 岁半就被送到了曼斯菲尔德市立学校，开始进行写字、算数、唱歌和拉丁文的学习。关于这所学校，路德印象最深的就是老师的恫吓和责罚：学习差劲的学生会被带上驴头面具；一个星期下来，老师们会按照学生所犯错误的多少而施以惩罚。路德曾回忆说，在那里由于经常被打，导致他非常惊恐和苦恼，因此也学不到什么东西。有一次，仅一个上午，路德就被鞭挞了 15 次之多。[①] 30 多年后，路德回想起这所学校，还将它比作炼狱和地狱。这种教学方式的恐怖和惊骇在路德幼小的心灵中留下了深刻的痕迹，也是促使他后来深入地研究学制改革问题的重要原因。

曼斯菲尔德没有中学，中学都设在城镇。在 1497 年，年仅 14 岁的路德便独自前去马格德堡求学，进入了一所同宗兄弟会办的高中学习。马格德堡是大主教的驻地，有丰富的宗教生活和诸多宗教仪式，而且主办路德求学的这所中学的同宗兄弟会是当时闻名于各地、由城市市民组成的教团，主张改革教会、改革教育。在马格德堡读书的生涯让路德在宗教方面受益颇深，在这里路德还遇到了两件对他心灵触动极深的事：一是遇到了一位当托钵僧的王子，这位王子因为自己禁食而瘦得如同骷髅，在街上边行乞边被人用鞭子抽打。托钵僧王子的虔诚深深打动了路德，让路德认识到了自己尘世生活的可耻。另一件事是路德在教堂里看到一幅劝世画，画上画着一只帆船正在驶向天堂，船上的人都是主教、神父、修士等神职人员；而世俗的人都在海上哀号、沉溺着，祈求船上人员的搭救。这幅画让路德陷入深深的恐惧之中，他似乎看到地狱中已生起熊熊烈火等待他的到来，而他却无力救赎自己。其实，无论是托钵僧的苦行还是那幅劝世图，都是天主教宣扬“因行称义”的宗教教义的结果。当时的天主教会宣扬人不但生来就有“原罪”，而且还难以摆脱骄、妒、怒、惰、贪、食、色七罪，每个人生来都是罪孽深重的。所以人要想死后灵魂升入天堂，必须要遵守教会制定的繁文缛节，多积苦功善行,使自己的行为符合教义,这便是天主教当时所奉行的“因行称义”。深受这两件事的影响，路德从那时候起就成了“因行称义”信条的笃信者。为了消弭罪恶，他开始严格地恪守圣礼和赎罪的天主教教义，以期获得自我救赎。

---

① 参见耿淡如，黄瑞章．世界中世纪史原始资料选辑 [M]. 天津：天津人民出版社，1959：156-157.

在马格德堡仅待了一年，路德便进入了爱森纳赫著名的圣乔治中学读书。因为路德在爱森纳赫所投奔的亲戚家境贫穷，他不得不与求布施者或走家串户，或在教堂唱赞美诗以乞讨一小块面包。路德还曾在自传里写过这样一段经历："我并不轻视那些为求小块面包而站在门口唱歌的伙伴。我也做过乞丐，挨户乞求过面包，尤其是在我所爱的城市，爱森纳赫。"① 1501 年春，路德遵照父命进入了当时德国最好的大学爱尔福特大学学习经院哲学，为攻读法律做准备。爱尔福特大学里面的许多教授都是修士，美因兹大主教还是该校的名誉校长，校园里宗教氛围浓厚。同时爱尔福特大学也是各种思想潮流汇集的中心，尤其是人文主义思潮比较盛行。就在路德于此求学期间，胡斯的信徒也来到这所学校秘密地宣传反修士主义的教义。在爱尔福特大学接受了与天主教教义截然不同的思想的洗礼后，敏锐、善于思考的青年马丁·路德逐渐形成了伴随他终身的思想方法和性格特征。

故居正门

路德在爱尔福特大学认真刻苦地学习了逻辑、辩证法、修辞学、物理学、天文学等规定课程，并自学了拉丁古典文学。由于勤奋好学，路德在很短的时间内就获得了文学学士学位。不久之后，又以名列第二的优异成绩取得硕士学位。他的父亲深深为他感到骄傲和自豪，在给他的信里尊称他为

① 耿淡如，黄瑞章．世界中世纪史原始资料选辑[M]．天津：天津人民出版社，1959：157.

“您”,并送给他贵重的法典。但路德却并没有为这些学位沾沾自喜,相反,社会危机引发了路德痛苦的疑虑。15世纪中叶的德国瘟疫肆虐,同时又面临着土耳其入侵的威胁,人们把这些天灾人祸当作是上帝的惩罚,从而掀起了一股狂热的宗教热潮。在这样的时代背景下,路德开始思索一个永恒的问题:人该如何取得上帝的宽恕,以享永恒的幸福?

1505年7月17日,路德在大学毕业后不久就变卖了所有的书籍和家什,请朋友们吃了告别饭,然后在父母亲朋诧异的目光中弃绝尘世,毅然踏上了去爱尔福特奥古斯丁修道院的路。路德此举是在获得硕士学位仅仅几个月之后做出的,此前也未曾与父亲商量。他甚至还为了修道而变卖了父亲送给他的贵重法典。他的父亲对此尤为不解,在给他的信中又开始用“你”称呼他,还威胁要与他断绝父子关系。

关于路德加入修会的动因一直以来众说纷纭,路德自己曾做出过富有传奇色彩的解释:1505年夏天,他在探望双亲后返回爱尔福特的途中拖曳着疲惫的身躯踽踽独行。走近左特海姆村的时候,天上乌云密布,为了躲避暴雨,他先是加快了步伐,接着又跑起来,想要穿过村庄前的一片空地。但是,他还没跑完一半路程,只听一声霹雳,一道闪电撕裂

故居内景

了天际，猛击在路德身边。他身边的一棵树被击劈，轰起的巨大气浪将路德甩出好几米远。在生死存亡的关头，路德当即跪倒在地，神色凄惶地画着十字。他向圣安娜宣誓，只要能活下来就当修道士。空气中充满着硫黄气息，火花似乎从他的头发和指节中蹦出。神奇的是，在他大声宣誓后，暴风减弱，他最终脱离了险境。路德坦诚虽然后来他也后悔发了这个誓愿，但他仍然出于敬畏的心理而执意信守誓言。

路德的宗教生涯就此开启。其实，纵观路德的成长之路就能看出，他最终走上修道之路并不是这一次意外偶然导致的,这是他长期受家庭、学校和社会的浓厚宗教氛围影响的结果。路德进入修道院不是一时心血来潮，而是为了解决那道他长期以来苦思冥想、疑惑不解的问题——人该如何获得上帝的宽宥。为此，路德愿意将一生投入最幽暗的深渊之中寻求真理。

钟楼得道

路德所加入的奥古斯丁修会是依据希波城主教奥古斯丁所制定的会规而成立的一个隐修会，是中世纪晚期虔诚基督徒的向往之地。这里的修士严格遵守服从、安贫、守贞的誓约，过着自我节制的生活。马丁·路德进入修道院后，发誓服膺会规，整年不出院门，潜心修道，履行圣礼，开始了自己的宗教生涯。路德进行了各种苦行赎罪活动，如斋戒、鞭笞自己等。有一次，人们几天没见到路德，后来才发现他饿得躺在地上早已失去了意识。路德回忆在修会的这段经历时也曾自豪地说，他是一个虔诚的修士，很严格地奉行修会的规程，毫无异议。如果只有一个修士，能够通过修道而进入天堂，那肯定是他。

1510 年 10 月，路德因公事访问罗马，开启了他的罗马之旅。路德手里拄着手杖，背上背着褡裢，像一个朝拜者那样行走，穿越了瑞士、伦巴底、托斯卡尼和翁布里亚。他极为疲惫，几乎不能迈步，但当他远远望见了那座永恒之城，高兴得满含泪水，他双膝跪下，向圣彼得教堂深深地鞠躬，向它伸出双臂，呼喊："神圣的罗马，向你致敬！"但路德没想到的是，之后他所亲眼见证的罗马教廷的腐败，犹如一条毒蝎，狠狠蜇了他一下，他初踏这片神圣之地的欢愉瞬间消失了。罗马神父的无知轻浮和不庄重让路德惊讶不已，往往路德还在做第一遍弥撒时，他们就已经完成了六七遍,还催促路德快一点！他们对待圣礼也极其敷衍。路德对罗马的真面目进行过无情的鞭挞和辛辣的嘲讽："我只希望，每个未来的牧师先到罗马去，看看那里所发生的事情。我听到罗马教廷官员自己说，这样的情况不可以再持续下去，必须予以结束。很难描述，而且不可能相信，那里的龌龊究竟达到了什么地步，如果有地狱的话，那么，罗马便是地狱。罗马本是神圣的城，而现在已变为肮脏的城了。我在罗马时，曾参加过多次宗教仪式：当我一想到那里的情形时，我就深为惊讶，当他们喃喃做弥撒时，我觉得嫌恶，因为他们好像是在做滑稽剧……基督徒愈接近罗马，就愈变坏。谁第一次往罗马去，他去找骗子；第二次，他染着骗子习气；第三次，他自己就成为骗子了。"[①] 罗马之行对路德的震撼很大，他原以为只有在地狱中才能看到的情景，却在接受基督教圣光照射的罗马化为了现实。

像宗教史上许多伟大的人物一样，路德经历了一次戏剧性的信仰转变之后，才抵达了他所认为的真理的彼岸。在罗马朝拜四个月后，路德返回了爱尔福特。一跨进他房间的门槛，路德便觉得那个永恒的问题和所见的罗马腐败犹如一把锋利无比的刀，在他心上剜割起来。路德被一种致命的忧虑控制着，他觉得自己几乎就要堕入地狱。"定罪的恐怖有时候猛烈地压倒了他，他几近死亡。"他最好的朋友和门徒梅兰希顿回忆道。路德也曾做过自我剖白："魔鬼多次攻击过我，几乎把我勒死！""有一百多个夜晚，我都全身布满冷汗。"[②] 为获得自我救赎，路德曾热切地尝试一切传统的中世纪自我拯救的手段。他曾不断地斋

---

① 耿淡如，黄瑞章．世界中世纪史原始资料选辑［M］．天津：天津人民出版社，1959：158-159.

② 梅列日科夫斯基．宗教精神：路德与加尔文［M］．杨德友，译．上海：学林出版社，1999：72.

路德传道解惑处

戒和祈祷，来进行内心的斗争，以至常常发生这样的事：他才忏悔不到几分钟，就扯住别的神父的衣袖不放，又要重新忏悔。由于他忏悔的次数太多，告解神父被他叨扰得不胜其烦。

尽管已经尽了自己最大的努力，路德仍旧担心善功不足，难以自救，更遑论平息上帝的雷霆之怒。他难以获得心灵上的安宁，内心茫然若失。路德在崩溃的边缘苦苦挣扎，觉得黑浪涌起，正在将他投入黑暗，但是他终究还是没有倒下，相反，他得救了。那是在 1513 年的冬春之际，路德足不出户，终日把自己关在维登堡修道院的钟楼上。他坐在地上，对着修道士的窄床——四块铺着粗毛毡的冷杉木板，将前额抵在木板上闭着眼睛，再三思考着那个永恒的问题。在无数个日夜的苦思冥想之后，路德在维登堡修道院的钟楼上豁然开朗，一切顿悟于心。路德在他的拉丁文本全集第一卷的序言中还谈到了这一天，详细地描绘了他一生当中这一难忘的时刻，就像是先知以利亚在山上所听见的微小声音一样，虽然没有电光霹雳，也没有天使出现，但奇迹就是这样发生了。他在言语间所流露出的超脱尘世的极乐，即便是今天再度品读也感人肺腑。这一事迹后来被传为佳话，被他的信徒赋予了“钟楼得道”的美名。

路德在钟楼上所领悟到的圣经真谛是：义人必因信得生。他认为人获得救赎无须善功，人的信仰就是相信上帝真实存在，人会由于上帝的恩典而得到宽恕，这个宽恕意味着一个全新、神圣的生命的开始。路德

故居中的展品

自己说过，正是“义人必因信得生”的真谛让他获得了重生。

纵观路德悟道的历程便能发现，这一真谛并不是路德偶然想到的，而是他在认真研读、讲解圣经的基础上才获得的。路德在维登堡大学的日常工作非常多，但他还是挤出时间认真研读、讲解圣经。他曾先后在维登堡大学讲授了《诗篇》《罗马书》和《加拉太书》。从《罗马书》开始，已经能很明确地看到他开始转向“因信称义”的新思想了。而且，路德本人也十分推崇《罗马书》，认为它是圣经的精华，每日都需细心揣摩。《罗马书》里的那句“义人必因信得生”成了路德后来神学信条的基础，也是他多年来为自己寻到的一条救赎之路，用他自己的话说就是“重新打开了通向天国的道路”。

改革序曲

路德曾说，上帝就像牵着一头瞎马似的将他带进了历史的事变之中。如果说路德卷入宗教改革之始是如此的话，那么后来他完全是自觉地参与到改革运动当中去的。1517 年，美因兹大主教亚尔伯特通过售卖赎罪券聚敛财富。10 月 31 日,路德在维登堡城堡大教堂的大门上张贴《九十五条论纲》，对售卖赎罪券的做法予以痛斥，提出了“信仰耶稣即可得救”的原则。《九十五条论纲》如同火花落入火药桶，一下子点燃了德国异常猛烈的宗教改革之火，在信仰斗争中破晓的新时代随之到来。

在当时，售卖赎罪券是教皇收入的重要来源，教皇利奥十世以建造罗马的圣彼得大教堂为名变本加厉地大肆贩卖赎罪券，而实际上却是为了偿还美因兹大主教的债务。罗马教廷宣扬基督徒必须想办法免除生来就有的“原罪”和“七罪”，祈求上帝的恩赦，否则死后的灵魂难以上天堂。赦免“罪罚”的唯一途径就是购买教廷印刷的赎罪券，而赎罪券有专门的价目表，功效的大小由出钱的多少来决定。教廷还宣称，戴罪之人只要买了赎罪券就能洗尽一切罪孽，不仅可以免除已犯的罪愆，而且能够防患于未然。

赎罪券的交易主要在德国盛行。英、法等西欧其他国家的独立性已达到相当高的程度，皇帝和国王的权力强大，足以抵制教皇的权威，他们明令禁止罗马天主教会向自己国家臣民征收税款。而此时的德国国内邦国割据，皇帝形同傀儡，国民只能沦落为天主教廷掠夺的主要对象。在德国，罗马教廷和世俗诸侯相勾结，巧立名目，榨取钱财，所以在当时盛传一句俗语：“德意志是教皇的奶牛。”据统计，当时教廷每年从德国搜刮去约 30 万金币，占教廷全年收入的一半。专门负责在德国兜售赎罪券的是教皇的特使多米尼加修士特策尔。特策尔骑着毛驴，手拿铃铛走街串巷，像江湖骗子一样信口雌黄：“只要买赎罪券的钱一敲响钱箱，人们的罪愆顷刻间就会化为乌有，灵魂顿时就会比刚出生时还要纯洁。”他大声地叫喊：“买吧，买吧，天堂的门现在已经开啦！”

购买赎罪券便可一次性地赎罪，忏悔也就随之变得廉价。路德一直把忏悔当作人在上帝面前最透彻的内心剖白，对将忏悔变成一种买卖的做法深恶痛绝。经过一番深思熟虑，路德终于在 1517 年天主教万圣节前夕（10 月 31 日晚上），将他所起草的《关于赎罪券效能的辩论》（共 95 条，因此也叫《九十五条论纲》，下面简称《论纲》）钉在了维登堡城堡大教堂的大门上。在《论纲》中，路德痛斥了特策尔等人的卑劣行径，公开要求就赎罪券的功效问题进行辩论。《论纲》最初贴出的十几天时间里并未引起什么反响，维登堡还是同往常一样被笼罩在死一般的沉寂中，直到路德将《论纲》寄给志同道合的好友后，具有世界历史意义的风暴才遽然而至。《论纲》的内容不胫而走，在交通闭塞的中世纪以难以想象的飞快速度被争相传抄，在两个星期之内便传遍了整个德国，成了触发火药爆炸的那粒火星，最终将世界推进了燎原大火之中。

路德在贴出《论纲》的同时，给美因兹大主教，勃兰登堡、梅泽堡、迈森等地的主教都去了一封信，附上了《论纲》。美因兹大主教发觉路德的《论纲》妨碍赎罪券的出售，便将《论纲》的内容报告给了教皇。起初，懵然无知的教皇利奥十世并未意识到这是一场针对教廷而来的异常迅猛的风暴，还把《论纲》当作是一个醉酒的德国修士的呓语，以为等路德酒醒之后，就不会再嘟囔了。过了很久之后，罗马教皇才如梦初醒，意识到了自己的天真和事态的严峻。此时《论纲》不仅已妨碍了赎罪券的生意，减少了教会的收入，更严重的是在社会上激起了强大的怒潮，正冲击着教会大厦。教皇利奥十世随即慌张地责令路德到罗马受审，但却受到了广大群众和一些德意志选侯的反对。在这种情形下，教皇不得已在德国境内处理此事，委派教廷驻德国使节、大主教卡叶坦专门受理此案。

1518 年 10 月初，路德和另一位奥古斯丁隐修士前往奥格斯堡受审。路德手持棍棒，背搭行囊，像以前去罗马一样徒步行走。到达奥格斯堡后，机智的路德为避免落入陷阱，在等到了德皇许诺的安全通行证书后才去拜见特使卡叶坦。卡叶坦虽然博学而健谈，但却在与路德讨论时陷入了困境。他本想以路德的理论违背了正统教义为由强迫路德放弃既有观点并承认错误，但卡叶坦没想到的是，路德就像一块磐石，从未考虑过畏缩、退却，反而竭力为自己辩护，一再申明他张贴的《论纲》是为了维护教皇和教会的威信，没有违背基督教的教义。卡叶坦一连会见了路德三次，却丝毫不能撼动他的信念。最后，卡叶坦见实在不能说动路德，便筹划逮捕他。路德闻讯后，在一个夜晚骑马逃离了奥格斯堡，安全地返回了维登堡。路德用大无畏的战斗精神成功捍卫了自己的学说，至此已名声斐然。

破旧立新

当时，在维登堡大学的东门上，有个倾斜的木质十字架，虽然十字架早已腐朽，但依然受到人们的顶礼膜拜。1520 年 12 月 10 日清晨，城里的孩子们听说这里将要点燃盛大之火，便闻风奔跑而来，在平整干净的雪地上留下一串串脚印。

在三年前张贴了《九十五条论纲》的那个大门前，挤满了看热闹的人。路德举目四望，沉着地宣称要在火刑柴堆上焚烧教皇要对他施以酷刑的谕旨。被教皇处以绝罚的人，不仅没有在火刑柴堆上被烧死，反而还要亲自焚烧教皇的绝罚令，这真是闻所未闻，人们不禁对这桩奇事议论纷纷。

田野中间早已架好大柴堆，路德一声令下，一位青年神学教师把一个火把投进柴堆中，浓烟升起，火焰猛地窜上了天空。在庄严的圣歌中，在围观者的欢呼下，路德亲自将一本本又厚又大、用木板封套的旧书扔

故居大厅

进火里。路德投入火海的正是支撑罗马教会的两大支柱——罗马教皇的谕旨文书和罗马教会法。在烈火的噼啪声中，路德高呼："因为你侮辱了上帝的真理，让永恒的烈火把你烧毁！"①

通红的火焰映到了路德脸上，他的目光、神色越发坚毅、沉稳。路德知道，这次火烧圣谕便是他与罗马教廷间的彻底决裂，从此之后，他就像一头闯进葡萄园中的野猪，独自到处碰撞，尽管与这个世界格格不入，但他终究会给世界带来翻天覆地的变化。

1520年对于路德来说是一个多产之年，也是他宣扬自己学说最热烈的一年。这一年路德共出版著作133册，被誉为"宗教改革三大论著"的《致德意志基督徒贵族公开信》《教会被囚于巴比伦》和《基督徒的自由》都发表在这一年，成为路德反抗罗马教廷的三把利剑。此时他攻击的目标不单是教皇或教廷的奢侈腐败了，而是开始剑指整个封建神权政治。路德在这些文章当中全面阐释了"因信称义"的宗教改革理论，提出只要有信仰，人人都能得到上帝的恩典，从而使灵魂得救，并能在上帝面前享有平等的权利和地位；人与上帝之间的唯一的中介就是圣经，无需神职人员、宗教律法或宗教礼仪；烦琐的宗教仪式需要简化，七项圣礼中只保留洗礼、圣餐两项即可。路德所提出的这些主张点燃了下层人民的热情之火，表达出了人们的心声，也为路德宗的建立奠定了基础。

故居外的路灯

路德宗教改革三大论著发表之后，不多久便传到了瑞士、荷兰、法

① 梅列日科夫斯基.宗教精神：路德与加尔文[M].杨德友，译.上海：学林出版社，1999：118.

国、英国、意大利等地。路德的这些主张从根本上否定了教皇至高无上的地位和教会高于国家的天主教思想，为其他各国送去了反对教廷的火种。这自然引起了教廷新一轮的恐慌。教皇气急败坏地公布了要开除路德教籍的上谕，命令路德在60天之内改变观点，否则将开除他的教籍。路德毫无退缩之意，依旧坚持自己的观点，反而写了《敌基督的谕令应予反对》作为答复。

1521年1月3日，教皇利奥十世公布"破门令"，开除了马丁·路德的教籍。同年4月，在教廷的支持下，神圣罗马帝国皇帝发布旨意，取消对路德的法律保护，但是议会没有听从，反而将路德召到议会让其陈述他的观点。会上，各地诸侯纷纷发泄对路德的不满，提出上百条意见。路德大义凛然，拒不认错，还在会上宣传自己的宗教主张，引起阵阵欢呼。路德由于坚持己见而被勒令退场，最后在群众的保护和簇拥下离开会场。在门口，路德回头看了那些敌视他的权贵们一眼，以军人的方式举起右手有力地挥动了一下，才毅然离去。

议会开完后的一天晚上，法官和德皇查理五世的私人秘书趁着夜色悄悄地来到路德所在的客栈，向他宣读了皇帝的圣旨，要他在21天之内离开沃尔姆斯，否则安全通行证失效之后，德皇也只能被迫执行教皇对他的判决，将他处以斩刑。第二日清晨，路德在同伴的保护下悄悄离开了沃尔姆斯，在回维登堡的途中顺道回到故乡艾斯莱本逗留了数日。

离开艾斯莱本之后，经过几天的长途跋涉，众人都疲惫不堪。他们在穿越图林根森林时，突然被一队武装骑士团团包围起来。路德处变不惊，独自冷静地在他们的押解下走向森林深处。在满天繁星的午夜时分，路德被带到了一座高耸的城堡前，侍从毕恭毕敬地扶他下马，城堡总督亲自出来迎接他，充满敬意地喊他"乔治骑士"。原来，这一切都是由被称为"狡猾的狐狸"的萨克森选侯腓特烈安排的。查理五世在路德逃离后就下达了逮捕令，腓特烈为避免公然得罪教廷与皇帝，只能暗中保护路德，派骑士一路追赶，将他"挟持"到荒僻的瓦尔堡保护起来。路德在瓦尔堡留起了长发长须，穿上了短而紧的贴身上衣和有马刺的鹿皮长筒靴，佩带长剑，头戴有羽毛装饰的帽子，摇身一变成了乔治骑士。

路德隐居在瓦尔堡城堡时，一打开窗户，就能看到图林根森林的万顷绿色海洋，唧唧的虫鸣和啾啾的鸟叫声不时传入耳中，更衬托出了这里无限的寂静。路德终日坐在窗前，时而倾听远方杜鹃忧郁的歌声；时而疯狂地投入到工作之中，整日整夜地读书、写作。路德在这样单调而孤寂的生活中度日如年，但他并未在这里蹉跎岁月，而是仍然潜心于对神学的研究与写作，继续宣扬其宗教改革的主张，向罗马教廷发起猛烈的冲击。他在这里写下了许多名著，如《论忏悔》《诗篇注》《论隐修誓言》《论婚姻》《驳英国国王亨利》等。除此之外，路德把圣经从希腊文本和希伯来文本译成了德文。路德于1522年3月在瓦尔堡首先完成了《新约》的翻译，他心潮澎湃地写出了新约最后一章《启示录》的最后几个字：阿门！主耶稣啊，我愿你来！写至此，路德激动得热泪盈眶，宛如他在钟楼得道的那晚那样。他在窗前跪下，仰望着天空，仿佛看到了耶稣和十二使徒走遍了德国的山野和森林，将登山宝训“虚心的人有福了”传遍了大地。

路德一直将翻译圣经当作一项非常重要的使命。他从1522年开始这一神圣的工作，到1534年结束，费时12年。路德的德译版圣经出版不久即风行德国，远流国外，对宗教改革、新教传播和德意志语言统一都有重大意义。德国诗人海涅曾对此做出高度评价：马丁·路德“创造了德语。这是由于他翻译了圣经而完成的”[①]。

走下神坛

路德不知道的是，他在瓦尔堡隐居的那一年，维登堡已经开始尝

---

① 海涅．论德国宗教和哲学的历史[M]．海安，译．北京：商务印书馆，1974：45.

故居外景

试实施他的改革方案。但因为没有路德的约束，改革派内部出现了分化，将路德所标榜的宗教层面的自由变成了社会层面的追求，甚至导致出现了一些过激的暴力行为。

先是萨克森地区出现了农民暴乱运动，并很快波及维登堡。维登堡的帮工们拿起长戟，学生们掏出刺刀，呼喊着冲进修道院捣毁了祭坛。修士们外出时好像过街的老鼠一样，人人喊打。路德对此既恐惧又愤怒，于1521年12月发表了《敬告全体基督徒严防暴乱和煽动书》，提出基督徒的最高职责就是恭顺，大家应该约束自己，切勿乱说、乱想、乱动；上帝禁止暴动，暴动乃是中了魔鬼撒旦的诡计。[1]但此举收效甚微，农民运动愈演愈烈。维登堡议会无奈，经过商议后只得邀请马丁·路德回来主持局面，以平息群众的烈火。1522年3月，路德从瓦尔堡归来，在维登堡连续讲道八天，阐述了不愿靠暴力和流血来维持新教福音的观点，呼吁和平。路德的说教，起到了一定的作用，骚乱逐渐平息下来，改革派的行为也得到约束。马丁·路德大松了一口气，以为维登堡已经变成了宗教改革的重要堡垒，改革也进入了稳健的阶段。可他不知道的是，这次的农民运动只是一次预演，大的社会动乱和改革运动马上会汇集在一起，在时代的大潮流当中奔涌而至。

---

① 参见马立臣．德国宗教改革家马丁·路德[M]．北京：商务印书馆，1983：49.

故居的彩绘

1524年3月，社会上开始流传一篇《农民诉状与十二请求》的文章，该文简短地表达了施瓦本的农民们所提出的废除奴役制，由农民社团选举神父，农民享有在领主土地上捕鱼、狩猎的权利等十二项请求。与此同时，施瓦本的农民请求路德担任他们的领袖，希望他能为他们和领主交涉。然而，路德却没有同意。路德明确地告诉他们，自己反对他们的造反行为，希望他们能就此打住。路德不希望发生流血暴力事件，正如他曾给友人的信中所写到的那样："我不愿意把他们关进监狱，尤其是不愿意那些向我们讨主意的人把他们关进监狱，不要拔出刀来，不要流血。让我们相信，我们能够慢慢地熄灭这两段燃烧的木头。对你而言，要小心防止我们的王公，不要让他的双手被这几个新预言者的鲜血所沾污！"[①] 但是农民并没有理解路德的苦心，在他们看来，他们所一直信仰的路德抛弃和背叛了他们。

1524年11月，施瓦本终于爆发了蓄积已久的农民起义。1525年初，这场燎原大火包围了维登堡，并很快席卷了整个德国。路德走进农民中间对他们进行劝告，企图围堵洪流，却被他们嘲笑和虐待。于是路德在激愤的情况下写了《反对杀人越货的农民暴徒》这本小册子。在这本小

① 费弗尔．马丁·路德的时运[M].王永环，肖华锋，译．上海：上海三联书店，2014：156.

册子里，他愤怒地说，全部造反者都是疯狗，你不打死它，它就把你咬死……要杀、要打、要砍！[①]“要杀，要打，要砍”这或许是路德一时悲愤才脱口而出的话，但这句话却给他带来了巨大的负面影响。他由此被农民斥责为出卖他们的人，是站在农民运动的对立面的人，是诸侯的代言人。农民越来越鄙视他，用小石头打他，在他的房门上涂焦油，指着他的后背怒骂他是诸侯的家奴。从此刻起,在人民群众的心中,“路德”已经不再是一个英雄的名字了。

无数的人将农民起义的主要原因归咎到路德对教皇和皇帝的攻击上，认为这些叛乱者是路德的门徒，大公派的众亲王也责令路德担负起暴乱的责任。许多曾被路德的说教深深打动且愿誓死追随他的人此时也都离他而去，路德开始变得无比寂寞和孤独。

这次农民起义延续了 8 个月，从 1524 年秋天到 1525 年春天。面对身披铠甲、配备火枪大炮的贵族骑兵队，衣着单薄、举着长柄镰刀斧头的农民起义军显得非常混乱，不堪一击。他们远远望见贵族威风凛凛的部队向他们冲来，能做的只是挤在沙袋堆成的壁垒后面，下跪祈求上帝的救赎。

尽管动乱最终结束了，但路德也在众叛亲离的巨大压力与农民们的流血惨状中遭受了严重的创伤，心灵日渐不堪重负。一天，在教堂听福音书的日课时，路德突然倒在地上，面部因惊骇而痉挛，像着魔一样颤抖着大喊：“不是我！这不是我！”许久之后路德才在医生的救治下清醒过来。醒来后的路德从维登堡的窗外看到的或许是这样一番景色：落日的余晖从远方喷射而出，鲜红、炽热的光芒照亮大地，乌秃秃的树干映出了血色，泥泞不堪的融雪小路上的小水坑里似乎也全是鲜血。“整个德国都将流血”这不再是一个恐怖的预言，而早已成了现实。落寞的路德在当时意识不到革命是宗教改革必然的结果，也意识不到流血与牺

---

① 参见梅列日科夫斯基．宗教精神：路德与加尔文[M]．杨德友，译．上海：学林出版社，1999：173.

牲的重要意义，而只能活在深深的愧疚当中。

路德到底是一个怎样的人？无数人试图对他做出评判，却很难做出一个公正客观的评价。毕竟，知人需论世，我们很难看清那个错综复杂时代的全貌。但如果他当初选择担任农民的领袖，愿意为他们和领主们交涉，那么，他很可能可以阻止这一系列的残暴事件，他仍旧是追随者心目当中的英雄。当然，这一切也仅仅是假设。

农民战争结束以后，路德的声望一落千丈，其影响力已不复当初了。路德也选择了在暴乱平息后结婚，开始了他平淡而琐碎的家庭生活。即便是他后来偶尔发表一些反对罗马的言论，如1545年发表的《反对魔鬼所建立的罗马教廷》，却也不再为人们所注意了。

最后岁月

像许多其他为世界做出过巨大贡献的伟人一样，在生命的晚年，路德也陷入了无边的空虚和孤独之中。路德在晚年与妻子、三个儿子、两个女儿及几个无处可去的亲戚在维登堡定居，住在萨克森选侯赠予的一所原属奥古斯丁修道院的小楼里，过着俭朴的生活。路德晚年把大部分的精力都投入到讲课、传教、著述的工作中，还参与组织市民阶级的廉俭教会以及新教不同派别的联合。1532年以前，路德的年薪仅为200古尔登，1532年以后才增长到约300古尔登，他的妻子还要养猪、鸡、鸭、鱼，种菜，来维持生计。尽管生活如此拮据，路德还是救助了很多穷学生，留他们食宿，他的《席间漫谈》便是由这些学生整理的他与各地来访人士交谈的记录。

路德晚年身体不好，饱受各种疾病的煎熬。1546年1月23日，那一天异常寒冷，花甲之年的路德不顾孱弱的身体，也无视亲朋好友的阻拦，决意要去曼斯菲尔德解决新教内部的宗教纠纷。2月14日，路德在他生命的诞生之地——艾斯莱本讲道时，突然失去了一向热情饱满的语调，低沉而疲惫地说：“对于福音，应该讲的太多了，但我是如此虚

故居侧景

弱,我们就在这里结束吧!"[①] 这是他留给世人的最后一句箴言。话音刚落，路德就倒在了地上。

1546 年 2 月 18 日凌晨，路德安静地离开了人世，享年 62 岁。

路德去世的噩耗传到维登堡，路德的家属、朋友和萨克森选侯陷入了巨大的悲痛中，他们商量后决定将他安葬在维登堡。两日后，数百人参加了路德的丧礼，他们当中有曼斯菲尔德伯爵、城市官吏以及艾斯莱本的普通市民。送葬者手持火把从艾斯莱本出发，伴随灵柩缓缓地往墓地走去。当送葬队伍经过沿途的城市和村庄时，许多正在劳动的农民纷纷放下手中的活计，也放下了心中对他的仇恨，怀着对他的敬意送他最后一程。

路德的尸体被送到了维登堡城堡大教堂里，29 年前，他曾在这所教堂的大门上贴出轰动一时的《九十五条论纲》，点燃了席卷西欧的燎原大火。

① 李平晔．人的发现——马丁·路德与宗教改革[M]．成都：四川人民出版社，1986：77.

不久，路德离世的消息就飞快地传遍了讲拉丁语的天主教世界。罗马到处谣传说，守在路德床边的人看见魔鬼从他体内飞了出来。善意的人则称，看见他和以利亚在一起，还看见了以色列的战车。对路德离世的神奇传说正如同后世对他的评判一样，言人人殊，褒贬不一。

虽然作为一位宗教领袖，路德有着许多缺点和局限，尤其是在历史的放大镜下，他的瑕疵一览无余。但正如海涅所说：“我们绝不应当抱怨他的观点的局限。站在巨人肩上的一个侏儒当然能够比这位巨人看得更远，特别是他戴上一副眼镜的时候；然而那被架高了的直观却缺乏那种崇高的感情，那种巨人的心灵，这是我们无法取得的。”[①]对于路德来说，没有什么比为信仰而战更重要。所以面对时代激流的冲刷，尽管他曾经有过彷徨也有过动摇，但他从未置身岸边观潮，也没有躲在阁楼哀叹。他仍旧以一种积极昂扬的姿态投身其中，驯顺地遵循了上帝和自己内心的真知指引，用自己的一生造就了历史决定性转折的契机。

马丁·路德，他的名字，永为那些奋勇的开拓者们所称道；他的影响，也犹如涓涓细流，静水流深。

（撰稿：赵萌萌）

---

① 海涅．论德国宗教和哲学的历史[M].海安，译．北京：商务印书馆，1974：39.

参考文献

费弗尔 . 马丁 · 路德的时运 [M]. 王永环，肖华锋，译 . 上海：上海三联书店，2014.

耿淡如，黄瑞章 . 世界中世纪史原始资料选辑 [M]. 天津：天津人民出版社，1959.

海涅 . 论德国宗教和哲学的历史 [M]. 海安，译 . 北京：商务印书馆，1974.

李平晔 . 人的发现——马丁 · 路德与宗教改革 [M]. 成都：四川人民出版社，1986.

马立臣 . 德国宗教改革家马丁 · 路德 [M]. 北京：商务印书馆，1983.

梅列日科夫斯基 . 宗教精神：路德与加尔文 [M]. 杨德友，译 . 上海：学林出版社，1999.

笛卡尔

要论最能体现法式风情的地方，卢瓦尔河谷绝对数一数二。这里是法国恬静古典的后花园，人文景观与大自然风光在卢瓦尔河沿岸完美融合。从中世纪开始，这里就是法国王室和贵族的休闲之地。如今，来自世界各地的游客流连于掩映在茂盛植被中的城堡群，仿佛置身于被时间遗忘的古老童话之中。但你若不知道在这里曾发生过多少故事，那么再富丽堂皇的古堡也不过是空旷而没有灵魂的宏伟建筑。美国作家亨利·詹姆斯曾说，法国历史上最为震惊人心的事件，大部分是在卢瓦尔河的两岸发生的。[①]

法国著名的哲学家、物理学家、数学家勒内·笛卡尔的故乡就在这里。1596 年 3 月 31 日，一个小生命降生在法国卢瓦尔省图尔市的拉海镇，他一出生便被母亲传染了肺结核。没有人相信刚出生就染上重疾的婴儿能活下来，但这个孩子的生命

---

① 参见詹姆斯．法兰西之旅：詹姆斯随笔[M]．马永波，马永生，译．厦门：鹭江出版社，2006：2.

力如此顽强，竟然挺过了危险期。因此，他被取名为“勒内”，意为“重生”。笛卡尔一岁的时候就失去了母亲，他的父亲约克翰·笛卡尔是布列塔尼议会的议员，也是地方法院的法官，长期待在离家较远的雷恩城。或许是由于自小就没有父母关爱，小笛卡尔是个寡言的孩子，他童年时期的全部温暖来自祖母。祖母家这幢建在乡野之间红瓦灰墙的二层小楼是笛卡尔的乐园。在这儿，他能尽情地玩耍嬉闹，也能奢侈地花费半天时间去静静思索风、尘土以及那些微小或庞大的生灵……小笛卡尔偏爱真实自然的一切。他喜欢独自在田野里，从静谧无声中听出万千声响，仿佛那寂静中总有东西在流向他、充满他、滋养他。笛卡尔一生游历了许多地方，但最钟情的还是图尔，因为这儿承载着他孩提时最自由无忧的记忆。在他晚年准备前往斯德哥尔摩之前，他还在写给友人的信中说道：“一个诞生于图赖讷花园的人，是不是应该避免前往只有熊能够生存的荒芜冰原？”① 笛卡尔一生离群索居、各地为家，在他写这封信的时候，或许正回忆起了在家乡的美好时光。

谁也没想到当年那个安静寡言、常在田野发呆的男孩后来彻底改变了小镇的风貌。1802 年，拉海镇被冠以笛卡尔的名字，祖母的那幢二层小楼也被修建成了笛卡尔博物馆。如今漫步于笛卡尔小镇，到处都能找到笛卡尔的些许印记。咖啡厅的装饰壁画上、小酒馆的琉璃窗上或是某个街角旁一个小小的路标上，你无须费力寻觅就能和“他”不期而遇。驻足凝视笛卡尔的画像：深棕色卷发长而浓密，胡须疏朗有致，嘴角微微上翘，尤其是一双犀利诚挚的棕色眼睛中眼神平和又坚定，让人看了便想随他而去。笛卡尔的祖母或许未曾预料到自己的孙子日后成长为一位推动诸多领域“大革命”的跨界全才。勒内·笛卡尔既是一个关在房间中就发现了大自然机制奥秘的天才，也是能一

① 艾克赛尔．笛卡尔的秘密手记 [M]. 萧秀姗，黎敏中，译．上海：上海人民出版社，2008：25.

笛卡尔故居（法国图尔笛卡尔镇）

往无前地走出房间、去探寻自然中更为真实的存在的骑士。在科学史上书写浓墨重彩之后，他又沉下心去，回到哲学丛林中肆意游走、剪裁枝丫，探寻人与自然之间本质的联系，让哲学在奔波了一千年之后终于回归到“思维”的基础。但他并不标榜自己的天分，而是诚恳地告诫世人“越学习，越发现自己的无知”。英国数学家、哲学家怀特海曾说过，17 世纪是天才辈出的世纪。笛卡尔无疑是其中最重要的一位，可这位被世界所珍视的哲学家、科学家之于世人，一直熟悉者无数而真知者寥寥。他早已习惯了“戴着面具生活”，若想在真真假假的故事、角色和细节里贴近笛卡尔的精神气质和灵魂，我们不妨回到图尔花园的旖旎风光中。在这儿有大朵大朵城市里绝对看不到的鲸鱼云，迤逦在金红的傍晚天空；古堡连绵，时间仿佛驻足在古老的 17 世纪；风从田野最深处吹来，人们仿佛闻到了草籽、野花、远处葡萄地里成熟的酸甜味儿和笛卡尔的气息……

笛卡尔 4 岁的时候，历史的脚步跨进了新的世纪。颇具嘲讽意味的是，这个世纪虽然天才频出，却是以烧死伟大的思想斗士布鲁诺为开始的。当时，整个欧洲矛盾重重、动荡不安，天主教与新教、皇权与教权、国家与国家之间冲突不断，所幸这些暂时还没有打扰到这个生活在乡下祖母家的男孩。

1607 年复活节之后，笛卡尔回到城里进入拉弗莱舍教会学校学习。他的家人希望学校能关照自幼体弱多病的笛卡尔，向学校申请笛卡尔不必同其他在校学生一样遵守固定的作息表，笛卡尔因此有了更多自主学习与休息的时间。这一特殊的安排让笛卡尔逐渐养成了“赖床”的习惯，并保持终身。晚年的笛卡尔曾说，自己喜欢在床上静静地独立思考问题，许多数学和哲学上的好想法就是这样产生的。少年笛卡尔具有很强的自学能力，许多知识都能无师自通。1615 年 9 月，笛卡尔完成了普瓦捷大学法学专业的基础课和哲学课程。随后仅用了不到一年的时间，笛卡尔便取得了法学博士学位。此时笛卡尔面临着人生道路上的第一次重大抉择——未来的人生之路该怎样走呢？他的父亲希望他和自己一样做一名律师或法官，过体面而安稳的生活，但那绝不是笛卡尔向往的。此时的笛卡尔是那么年轻，这个少年骨子里渴望从这个世界努力汲取他所热爱的知识，却又不知该从何处入手。笛卡尔在描述他离开学院时的心

故居信息牌

情时说："人们曾使我相信，通过读书可以得到一切对人生有用且明白可靠的知识，所以我如饥似渴地追求教诲。可是，当我完成了全部学业，如通常一样被认为是一个博学之人的时候，我的观点却完全改变了。因为我发现自己陷入了重重疑惑和错误之中，我无论怎样努力开导自己也没有用，只是越来越发现自己的无知。"①他开始以批判的眼光去审视各门知识，对传统思想的评价充满着批判精神，对经院教育所灌输的知识不以为然。

笛卡尔20岁的那年，他不顾家人的劝阻，决定走出书斋，去接触社会，到世界这本大书中去寻找自己人生的方向。离家后的第一站，是巴黎。初到巴黎的笛卡尔健康状况良好，不再像童年时那般面色苍白。逐渐改善的健康状况使这个年轻人对新生活满怀憧憬。在这个大都会，他竭尽所能地获取新知，希望找到生命的真谛并体验人生。年轻的笛卡尔在巴黎结识了不少朋友，度过了一段饮酒作乐、纸醉金迷的日子，甚至还凭借自己聪慧的大脑与惊人的手气在打牌赌博的游戏里所向披靡，并因此积累了不少人气。在经历了一年的玩乐时光后，笛卡尔开始厌倦这种浪荡游戏的日子，他一方面渴望拥有更多专注思考的时间，另一方面又渴望去更远的地方见识更多的风景。于是他想到了从军，想通过从军到处游历和冒险。1618年，笛卡尔在荷兰入伍，开启了他的第一次出国旅程，开始随军漫游世界。他怀着旺盛的求知欲，去观察、体验这个世界；他对一切知识都充满热忱，渴望尽可能地了解生命中的一切。他的这次从军，不是去充当演员，而是到处去当观众，看看世界大舞台上登台表演的种种角色。②就像《笛卡尔传》的作者巴耶说的那样，军队是笛卡尔的"世界通行证"。

笛卡尔之所以能够在哲学与科学上取得重大成就，固然有他一生勤奋善思的缘故，也与他在青年时期勇于拥抱时代的精神紧密相关。

---

① 周晓亮．大家精要·笛卡尔[M]．昆明：云南教育出版社，2009：13.

② 参见弗雷德里斯．勒内·笛卡尔先生在他的时代[M]．管震湖，译．北京：商务印书馆，1997：31.

17 世纪的欧洲正处于封建社会制度开始崩溃、新兴的资本主义社会制度萌芽的时代。伴随近代科学的兴起，天启神学已经解释不了自然科学的成果，中世纪的经院哲学开始变成令人厌恶的东西。自然科学的发展以及时代对于哲学变革的需要把笛卡尔推出书斋，使他开始阅读与感悟世界这本大书。这个阶段的学习和思考为笛卡尔日后的研究奠定了世界观基础，同时也为笛卡尔认识自己以及“人”本身提供了初步的方法论原则。

科学天才

1618 年 11 月 10 日，在笛卡尔随军驻扎布雷达期间，他与荷兰数学家伊萨克·贝克曼相遇了。这一天在布雷达城的城门边，许多人在叽叽喳喳地议论着什么。笛卡尔走向前去，发现城墙上贴着一张纸，上面以佛兰德斯语写着一道数学难题，在向群众征询答案。彼时 22 岁的笛卡尔风华正茂，已出落成了一个意气风发的青年，双目炯炯，中等偏矮的身材，戴着羽毛装饰的绿帽，腰间还佩带一把银剑。他请站在他身边同样在围观数学难

被葱茏的灌木拥抱的故居

题的贝克曼帮他把佛兰德斯语翻译成拉丁文或法文。17 世纪正是希腊古典几何学复兴的时期，欧洲各地的知识分子们都在探索古老数学背后的智慧之光。虽然替笛卡尔进行了翻译，但是受过专业数学教育的贝克曼，并不相信如此年轻的笛卡尔可以解出这道题目。然而让他吃惊的是，笛卡尔只花了不到一天时间就计算出了答案。这件事成为贝克曼和笛卡尔友谊的桥梁，也成为笛卡尔年轻时代重要的转折点——笛卡尔第一次真正意识到自己的数学天赋。

其实笛卡尔在拉弗莱舍求学的时候，就对数学领域的问题十分好奇。古希腊学者曾运用他们观察大自然对象及元素所得到的清晰概念，简化了几何学中的图形结构，笛卡尔对于这种简明清晰的思考模式非常着迷。他曾投入了大量时间去研究数学，这种独立思考的智慧让他在思想上快速地成长了起来。

自那次相遇之后，贝克曼开始关注这个年轻人。二人彼此欣赏，成了朋友。随着接触的逐渐深入，贝克曼对笛卡尔的敏锐思维愈发惊赞，他意识到这个青年人身上蕴含着巨大的潜力。1618 年 11 月至 1619 年 1 月这段日子里，笛卡尔与贝克曼开始在落体与流体静力学等项目上进行合作。贝克曼负责提出问题与思路，笛卡尔负责将问题展开并解答。笛卡尔很珍惜二人的友谊，为此，在 1619 年 1 月，他特意将自己的第一本著作《音乐简论》的手稿献给了贝克曼。这本书将音程看作数学上的比例，以数学的方法去解决音程问题。这仅仅是笛卡尔在数学

故居内展品

领域的一次小试牛刀。天赐禀赋，用之则兴，弃之则罔，贝克曼是笛卡尔青年时期最初的引路人，正如1619年3月23日笛卡尔在给贝克曼的信中所写："事实上你是将我从冷漠中唤醒的人……当我的心正在偏离重大问题时，正是你将我引入正途。"①

1619年3月，为加入巴伐利亚马克西米连公爵的军队，笛卡尔来到德国。这一年的冬季，笛卡尔是在德国的乌尔姆度过的。冬季的多瑙河畔阴雨绵绵，水雾缭绕。笛卡尔不愿在阴冷的天气外出，整日将自己关在温暖的房间里，烤着炉火，在这儿他有足够的时间沉浸在自己的世界中。11月10日，笛卡尔人生中的第二个重要转折出现了（尽管事件本身带着迷幻的色彩）——在多瑙河畔房间的暖炉边，笛卡尔经历了三个生动的梦境——这也是历史上非常著名且常被拿出来分析的梦境。

在第一个梦中出现了许多鬼怪，恐怖至极，吓得他撒腿就跑。待醒来以后，笛卡尔感到一阵难以名状的痛苦，他担心这些鬼怪是来阻止他完成心中使命的。他十分焦虑，虔诚地乞求上帝帮助他。于是有了第二个梦，这回在梦中他听见了一种异样的声响。他睁开双眼，屋子里仿佛布满星光。他清醒之后，随即进行了一番思索，认为那声音是真理将要降临于他的吉兆。随后他又睡着了，接下来的这个梦温馨而甜蜜。在梦中他看到了两本书，一本是辞典，另一本是拉丁诗人奥斯尼乌斯的诗集。笛卡尔随手翻开那部诗集，一行字落入他眼中——"我的人生之路将向哪里走"。这意味着什么呢？笛卡尔认为梦中的辞典象征着各门结合在一起的科学，诗集则象征着哲学与智慧的统一。这正是笛卡尔决心要走的路，他力图将所有科学整合统一起来，成为一名追求统一的探索者。梦境中的内容坚定了他创立新学说的信心。笛卡尔曾写道："1619年11月10日，我感到非常兴奋，因为我又更加接

① 汤姆森．笛卡尔[M]．王军，译．北京：中华书局，2003：15.

近奇妙科学的根基。”①笛卡尔认为可以触碰到这一根基的方法就是他找到的新数学——解析几何！许多学者将这一天当成解析几何的诞生日。1637 年 6 月 8 日，笛卡尔在莱顿匿名出版的论文《几何学》正是由这三个梦境酝酿而成的。这篇论文几乎涵盖了笛卡尔在几何学上所有开创性的研究，是“纯数学领域中所有科目的综合”。《几何学》中最重要的内容就是解析几何。笛卡尔认为，以往的数学都属于分裂的数学，甚至古希腊的数学也束缚着人的想象力，他决心要建立起一个“普遍的数学”，将算数、代数、几何统一起来。通过解析几何与坐标，笛卡尔将几何学与代数学结合在一起，创出了卡氏坐标系，这是历史上第一次有人整合几何和代数这两大数学分支。笛卡尔用运动的观点，不仅建立了点与实数的对应关系，而且把“形”和“数”两个对立的对象统一起来，建立了曲线和方程的对应关系。这种对应关系的建立，不仅标志着函数概念的萌芽，而且表明变数进入了数学，使数学在思想方法上发生了伟大的转折——由常量数学进入了变量数学。笛卡尔的这些天才创见，为后来牛顿、莱布尼茨发现微积分，以及一大批数学家的新发现开辟了道路。笛卡尔在现代数学的发展史上做出了伟大的贡献并扮演了关键性的角色。

事实上，笛卡尔探索到的远比我们想象的还要多。笛卡尔在 23 岁时开始以密码的形式来撰写自己的秘密手稿，并始终未将其公之于世，这本手稿被命名为《奥林匹克》。该手稿后来被莱布尼茨找到，然而书中的秘密直到 1987 年才终于被皮埃尔·蔻斯塔贝尔破译——这个秘密就是数学中著名的欧拉公式 F+V–E=2（在任何一个规则球面地图上，用 F 记区域个数，V 记顶点个数，E 记边界个数，则 F+V–E=2）。这个公式由欧拉于 1752 年公布并给出证明，但事实上早在 1640 年笛卡尔就已经发现了。正因为此，这个公式后来也被人们称为笛卡尔公式。在

① 艾克赛尔.笛卡尔的秘密手记[M].萧秀姗，黎敏中，译.上海：上海人民出版社，2008：58.

故居内景

获取这个公式的过程中，笛卡尔就已经开启了非常重要的数学领域——拓扑学。拓扑学是现代数学的基石，笛卡尔发现的这个公式乃是拓扑等价的基础，“可以说，倘若当初笛卡尔公布了他的伟大发现，他将不仅仅是解析几何的发现者，而且是现代数学的开创者，人类其他许多伟大的数学与科学发现也会因此提早上百年”①。

17 世纪初的欧洲，时代精神已悄然开始了转变。时代先锋们通过经验的观察与理性的思考逐渐动摇了宗教权威的根基，科学开始对自然事件进行新的解释。伽利略制成的天文望远镜进一步证实了哥白尼的太阳中心论，开普勒发现了行星运动的三个定律，哈维提出了血液循环理论……他们的先进思想在各自的领域不断推动着人类对世界的认识向前进步。尽管如此，理性的光芒还很微弱。笛卡尔生活的时代仍然是阿奎纳的经院哲学占据学术界统治地位的时代，科学只能在天主教神学统治的夹缝中生存。笛卡尔深知在正统神学势力强大的地方对自然现象进行科学研究所要承担的风险巨大，任何违背神学教义的观点都有可能遭到压制和报复，甚至有被送入宗教法庭的危险。笛卡尔曾有这样的座右铭：“要想生活得愉快，就得躲起来生活。”②笛卡尔正是这样做的。他原本想在一本名为《论世界》的书中一步步地解释自然界的诸多现象，比如行

① 文聘元．三重精彩——笛卡尔的生平、著作与思想 [M]. 北京：商务印书馆，2016：95.
② 弗雷德里斯．勒内·笛卡尔先生在他的时代 [M]. 管震湖，译．北京：商务印书馆，1997：129.

星的形成、重量、潮汐、人体等。但就在1633年，伽利略由于发展了哥白尼的太阳中心论，主张地球围绕太阳运转被意大利教会判处有罪。这一消息令笛卡尔惊骇不已，为避免可能出现的麻烦，他不得不终止了原定的出版计划。这本书一直到笛卡尔死后27年才出版。1611年伽利略发明天文望远镜，透过天文望远镜所观测到的景象极大地震撼了青年笛卡尔的心灵。他看到，月球并非肉眼所见那般平整，而是遍布山川河谷般的凹凸地貌；同时也看见了木星的卫星、太阳的黑子，以及一大片从未见过的天体。这样的画面让他心潮澎湃。过去人们认为抬头三尺有神明，上帝所在之处就是天堂，而如今地球若是围绕着太阳转动，那么天堂和地狱哪里去了?造物主又居于何处?笛卡尔并非无神论者，事实上他一直认为自己是虔诚的天主教徒。伽利略受到的严厉处分无疑给了笛卡尔一个严重警告，他不敢贸然发表自己的看法。笛卡尔在1634年2月写给好友梅森的信中说："我在书中解析的所有内容，也包含了地球自转的见解，而且每部分环环相扣，都确实有明确的真理为依据。虽然如此，我将不会为此而站出来挑战教会的权威……我希望能平静生活，并继续我已开启的研究之路。"[①]笛卡尔曾下定决心不再发表任何论文或著作，但在梅森以及其他朋友们的敦促和鼓励下，才终于有了1637年随《几何学》一起匿名出版的《屈光学》和《气象学》——它们合起来有一个我们更熟悉的名字《谈谈方法》。笛卡尔在这本书中说："我希望后世会给予我仁厚的评判，不单是因为我对许多事情作出的解释，而且也因为我有意省略了的内容——那是留给他人享受发明之愉悦的。"[②]在《屈光学》中，笛卡尔探讨了光、视觉和改善视力的人工方法。《气象学》中涉及的领域更加广泛，描写了地面物体、蒸汽、盐、风、云、彩虹、雪、冰雹、风暴等许多与气象有关的现象。

笛卡尔对教会的畏惧以及他个性的孤僻谨慎实际上一直都影响着他

① 艾克赛尔．笛卡尔的秘密手记[M]．萧秀姗，黎敏中，译．上海：上海人民出版社，2008：152.
② 笛卡尔．几何[M]．袁向东，译．武汉：武汉出版社，1992：103.

的写作。尽管他的作品几乎都是匿名出版，但他对书中内容的表述始终十分克制。笛卡尔完全有能力去撰写许多大部头的书，但他并不想如此，就仿佛他找到了一个宝藏，但他并不想将其全部占为己有，也无意炫耀，他仅仅摘取了其中一部分拿来示人，至于更多的东西他只想默默守护。无论是在数学、哲学、物理学、气象学还是天文学领域，笛卡尔都是一位当之无愧的天才，但悲哀的是，纵观其一生，他的天才之路却是一个聪慧的知识分子将自己渐渐封闭起来的过程。笛卡尔仿佛一个孤独的守门人，静默地守护着自己思想的园地。但实际上他确实为无数的后来人照亮了前方的路。

“我思故我在”

1621 年笛卡尔退伍之后，并没有安定下来的心思，他还渴望着更大的世界。笛卡尔家族雄厚的资产也完全负担得起他的这个愿望。这样四处游历的日子持续到了 1629 年，在走遍了整个欧洲之后，此时的笛卡尔打算到一个安静的地方去完成他的研究。笛卡尔要寻求一小块宁静的乐土来进行他的思考，他选择了荷兰。

还记得当年笛卡尔做过的那个梦吗？他将完成“科学的大一统”当作自己的使命，此时距离这个梦境已经过去 10 年之久，笛卡尔尚未兑现这个承诺，但此时他已经开始动笔写《探求真理的指导原则》了。这应该是笛卡尔最早的一部哲学著作，但是却被笛卡尔束之高阁，直到笛卡尔去世 50 年之后才得以出版。《探求真理的指导原则》就仿佛一粒种子，它深埋在泥土之中，无人知晓，但其中却孕育着笛卡尔整个哲学思想体系，这粒种子百年之

《探求真理的指导原则》

后才慢慢破土而出，现如今这棵思想的大树已成参天之势。著名的笛卡尔哲学研究专家哈梅森认为，笛卡尔在《探求真理的指导原则》中提出了其毕生为之奋斗的哲学方法，后来的整个体系都是这种方法的展开和发展。

1633 年伽利略被宗教法庭判罪的事件，不仅让笛卡尔克制地隐瞒自己对自然科学的研究成果，影响到笛卡尔日后的哲学形态，还改变了笛卡尔的生活状态。为了避免灾祸，也为了不被打扰能从容地进行思索，笛卡尔深居简出，隐居在荷兰享受着独自思考、与世隔绝的生活。

笛卡尔曾说过，世界上最难找的三样东西是：一位美丽的女子、一本好书以及一位全能的传道者。如果不是遇到一位叫海伦的女子，也许笛卡尔会一直独身下去。1634 年 10 月，笛卡尔在阿姆斯特丹法语学校教师托马斯·萨金特那里，认识了一位美丽的女仆海伦。海伦细心地照料笛卡尔的日常起居，带给了笛卡尔从未领略过的母亲般的关怀。虽然海伦只是女仆，但她却经常和笛卡尔聊天，两人还时常就一些哲学上的话题展开讨论。笛卡尔并未因为海伦女仆的身份而有丝毫嫌弃，而是把她当作一个温柔可爱的女人。在一个周末的夜晚，他们相爱了。1635 年 7 月 19 日，他们的女儿法兰欣来到人世，给笛卡尔的生活带来莫大的快乐与慰藉。1637 年夏秋时节，笛卡尔携海伦与女儿法兰欣生活在荷兰北部的一个小村庄，这大概是笛卡尔一生中最幸福的日子，也是他一生中屈指可数的一段享受到温馨家庭生活的时光。在这段时间，他非常关注仪表与健康，显现出了旺盛的生命活力与写作激情，著名的《谈谈方法》正是在这一时期出版的。

《谈谈方法》作为笛卡尔第一部正式出版的著作，全文以通俗易懂的自传体写作方式，论述了如何研究问题、寻求真理，并第一次喊出了那个令人心驰神往的形而上学命题——我思故我在。全书仅几万字，可正是这样一本小书，被公认为近代哲学的宣言书，“让笛卡尔这位……四处飘游而又野心勃勃的法国人有资格跻身同时代以及自亚里士多德以来的伟大人物之列”[①]，因为此时的笛卡尔已经自觉树立起了理性主义认识论的大旗。

然而，笛卡尔的家庭幸福时光并没持续多久。1640年9月7日，他的女儿——才满5岁的法兰欣因猩红热引起的高烧医治无效死亡。这位伟大哲学家的幸福生活戛然而止，女儿的死成了他一生中经历的最大的不幸。失去了女儿的笛卡尔伤心欲绝，一切与法兰欣相关的人和事都会引得他潸然落泪，因此他选择了离开海伦。少了海伦的照料，笛卡尔又变成了那个独来独往的人，他重新让自己全身心沉浸在哲学的世界，只有这里可以给他片刻的安宁，让他忘记悲伤。在笛卡尔居住的各个荷兰小乡镇中，居民们经常看到一个迷失于冥想中的独行者。

1641年，笛卡尔历经10年时间写作的《第一哲学沉思集》出版了。当初他写完初稿后，并没有马上交付出版，而是选择交给了他的朋友梅森。梅森属于当时巴黎哲学圈子的核心人物，因此这一初稿很快就在巴黎的哲学圈子中流传开来，并随之引起了激烈的讨论，不少哲学家还专门写了批判文章，如霍布斯、阿尔诺和伽森狄等。外表谦和的笛卡尔骨子里其实相当高傲，因此他又再次撰文，以反批判的形式对他的批判者们作出了回应。那些批判文章与他的回复合并在一起，后来与《第一哲学沉思集》一同出版。

在《第一哲学沉思集》后，笛卡尔进入了著作的高产期，他写于1641年至1643年的《哲学原理》于1644年在阿姆斯特丹出版。《哲学原理》融合了哲学与科学，既展现了未来哲学的方向，同时也预示了未来科学发展的方向。《哲学原理》英译本的译者V.R.米勒和R.P.米勒在译者前言中指出："它是唯一一部试图从笛卡尔的形而上学理论中推演出科学知识的著作。无论这一尝试是否成功，它无疑产生了巨大的影响……诱发了牛顿的万有引力定律。因此，《哲学原理》不仅在哲

---

① 萧拉瑟．笛卡尔的骨头：信仰与理性冲突简史[M]．曾誉铭，余彬，译．上海：上海三联书店，2012：31．

学上具有内在的和历史的意义，而且在科学史和十七世纪思想史上，都是一部不朽的著作。”①

《哲学原理》

笛卡尔对哲学的重视堪比古希腊先贤，他认为："哲学既包括了人心所能知道的一切，我们就应当相信，……一国文化和文明的繁荣，全视该国的真正哲学繁荣与否而定。因此一个国家如果生下了真正的哲学家，那是它所能享受到的最高特权。”② 笛卡尔立志去构建一个能统摄一切科学的哲学，于是他开始了伟大的方法的探索，他开始启用一种形而上学的方法，这种方法为整个哲学开辟了一条新路。这条新路便是：一切从怀疑开始，从思维出发。为了建立自己的新哲学体系，笛卡尔摧毁的不仅是亚里士多德的体系，还包括过去整个旧哲学体系。笛卡尔在《哲学原理》开篇即说："要想追求真理，我们必须在一生中尽可能地把所有事物都来怀疑一次。”③ 先通过怀疑破除成见，然后走向新知之路，这便是笛卡尔为我们制定的求知之路。如果不理解笛卡尔的怀疑，便无法理解笛卡尔的思想。

笛卡尔并不是一个怀疑主义者，因为他想在怀疑的基础上得到一种确实的、无可怀疑的东西。这种无可怀疑的东西首先就是思维。“严格

① 尚新建．笛卡尔传 [M]. 石家庄：河北人民出版社，1997：155.
② 笛卡尔．哲学原理 [M]. 关文运，译．北京：商务印书馆，1958：序言．
③ 笛卡尔．哲学原理 [M]. 关文运，译．北京：商务印书馆，1958：1.

说来我只是一个在思维的东西，也就是说，一个精神，一个理智，或者一个理性……”①笛卡尔在我与思、我与在之间建立了必然的联系，由此提出了他那个最令人心驰神往的哲学口号：我思故我在。笛卡尔的研究者弗朗索瓦·阿祖维曾说：“这位法国哲学家把归结于他哲学的一些特征赋予了整个民族。就这样，法兰西变成了‘笛卡尔式的’，而法国人则获得了笛卡尔精神。”②

笛卡尔所表达出来的怀疑精神，对西方哲学产生了深远的影响。有人深情颂扬并追随笛卡尔，也有人尖锐批评并抛弃笛卡尔。哲学家斯宾诺莎在他的《伦理学》第五卷一开篇就对笛卡尔毫不客气地进行了抨击，思想家帕斯卡也在他的《思想录》中认为笛卡尔是“无用又不可靠的”，甚至梵蒂冈还曾将笛卡尔的全部著作都列为禁书，1691 年法国王室更是下令禁止讲授笛卡尔的任何哲学观点。然而事实上，笛卡尔的思想却慢慢地被传播得越来越广泛，他在法国人民心中的地位也越来越高。笛卡尔“从思维出发”开创了哲学发展的全新方向，影响着越来越多的哲学家，马勒伯朗士、斯宾诺莎、莱布尼茨、康德和黑格尔，乃至胡塞尔和海德格尔都在其中。无论有多少哲学家曾批判过他，笛卡尔依然是近代西方哲学的伟大开创者。

身心二元

旅居荷兰期间，笛卡尔安心著书立说，仅与十分亲近信任的朋友见面，并通过信件与外界进行联系。1642 年，笛卡尔的信中出现了一个女性的名字——伊丽莎白，这个他生命中第二位重要的女人。

伊丽莎白是波希米亚废王腓特烈五世的大女儿，她的母亲是英国国王詹姆斯一世的女儿伊丽莎白。1620 年腓特烈五世战败后携一家老

---

① 笛卡尔．第一哲学沉思集[M]．庞景仁，译．北京：商务印书馆，1986：26.

② 阿祖维．笛卡尔与法国[M]．苗柔柔，蔡若明，译．北京：中国人民大学出版社，2008：1.

小从布拉格撤退，当时笛卡尔作为胜利大军的一员曾与落难的小公主伊丽莎白擦肩而过。23 年后，46 岁的笛卡尔与 24 岁的伊丽莎白再度相遇。这时的伊丽莎白已出落成一位年轻貌美的女子，而且天资聪慧，酷爱哲学。伊丽莎白公主对笛卡尔的书十分推崇，并愿意成为笛卡尔的学生。公主经常给笛卡尔写信讨论问题，从科学、哲学、疾病到个人问题无话不谈。通过频繁的书信往来，二人之间逐渐发展出了一段温馨的关系。笛卡尔曾这样赞美伊丽莎白公主："从没有人像公主殿下一般，有着洞察先机的心智以及强韧的学徒精神，这让她从我这里获得许多知识……伊丽莎白拥有足够的能力从事深度思考。"[①]尽管二人的精神时常拥抱在一起，但他们却并未结成恋人。伊丽莎白公主一生未嫁，选择在修道院终老，她已经爱上了笛卡尔的哲学，并决定用尽一生的时间去研读。

1646 年 3 月，笛卡尔前往海牙，亲自把专门为公主写的稿子交给她，这个稿子就是著名的《论灵魂的激情》。后来伊丽莎白致信称，笛卡尔的观点"不是前人关于这个问题论述的一切所能企及的"。此时，笛卡尔智慧的灵光更多地投向了人，试图照亮人的情感、思维与意志。《论灵魂的激情》是笛卡尔生前出版的最后一部著作，其中最核心的内容就是身心二元论。

笛卡尔从"思"出发，得到了"我"的存在，那"我"是怎样一种存在呢？他把人当成一种精神性的存在，并将其视为人的本质。他在思考灵魂（心）与肉体（身）的关系时，认为二者既相互独立，又能相互配合。这种看似矛盾的状态是通过"松果体"结合起来的。"在大脑中有一个小腺体，灵魂在那里要比在别的部位更特别地发挥着它的作用。"[②]这个腺体就是著名的松果体了。笛卡尔认为，我们的灵魂可以通

---

① 艾克赛尔．笛卡尔的秘密手记[M]．萧秀姗，黎敏中，译．上海：上海人民出版社，2008：183-185.

② 笛卡尔．论灵魂的激情[M]．贾江鸿，译．北京：商务印书馆，2013：25.

过松果体连接种种活动，人对一切外物的感觉也因此形成。

这是笛卡尔在哲学上的伟大创造，他的这一思想被马勒伯朗士等人拿去加以改造，去掉松果体，将神引入，把神看作身心的主宰，由此变成了彻底的唯心主义。然而笛卡尔的这一思想还隐含着另外一个观点：身体不依赖心灵，它是独立自由运作的东西。这个观点对后来无数的唯物主义者产生了巨大影响。“笛卡尔之后，无论是唯心主义者还是唯物主义者，都从他的思想里找着了锐利的武器，而他自己也因此成了两个誓不两立的哲学之敌的共同父亲！”①

笛卡尔的哲学思想具有一个突出的特点，那就是矛盾性。这源自他既深受当时的科学精神的影响，又曾在拉弗莱舍学校受过经院哲学的教育。这种矛盾性把笛卡尔塑造成了两个背道而驰的哲学学派的源泉：笛卡尔主义立足于怀疑之上，勇于质疑、努力探求事实核心的精神不仅成为一切科学方法的基础,也被视为轻视权威的现代理性主义精神的基础；与此同时，笛卡尔的身心二元论因为提出了灵魂与物质世界的观念又被唯心主义所拥抱。实际上，笛卡尔所代表的已经不仅仅是法国哲学，而是整个法兰西，他的思想融入了法国社会包括政治、宗教、科学等各个领域，并持续发挥着作用。

戴着面具起舞

1647 年笛卡尔卷入了一场惨烈的学术斗争。尽管他只想关起门来安安静静地写作，但随着其著作的发表，他的思想早已在欧洲流行起来，甚至在大学里还专门开设了传授笛卡尔主义的课程。随着笛卡尔理念的风行，反对笛卡尔主义的守旧派们也日见增多。著名的“乌垂特冲突”②说的就是笛卡尔与他的反对者们之间进行的笔战。这场冲突彻底改写

① 文聘元．三重精彩——笛卡尔的生平、著作与思想[M]．北京：商务印书馆，2016：238.

② 艾克赛尔．笛卡尔的秘密手记[M]．萧秀姗，黎敏中，译．上海：上海人民出版社，2008：194.

了笛卡尔之后的人生轨迹。

笛卡尔并不害怕与他的反对者们进行学术论战，然而身在荷兰的笛卡尔所面对的不只是普通的学术论战，甚至还有人身攻击。荷兰神学家们都是新教徒，他们视笛卡尔的思想为反宗教邪说。尽管笛卡尔从未在任何大学担任任何职务，但他的信徒却遍布各个校园，这让荷兰那些守旧的学者与神学家们极度恐慌嫉恨。笛卡尔在荷兰的主要反对者名叫吉斯伯·富蒂乌斯（1588—1676）。笛卡尔学说的立论基础是“理性怀疑”,富蒂乌斯认为“怀疑论”只会引导人们去怀疑上帝的存在，因此指控笛卡尔是无神论者。被指控为无神论者在当时是极为危险的事情，一旦罪名成立，被指控者就会面临牢狱之灾，甚至会被处以火刑。笛卡尔之所以离开法国来到荷兰很大一部分原因就是为了远离天主教会的监控，但是他在荷兰却遭到了新教徒们的迫害。这场“战役”直到 1648 年才算有所“了结”，以笛卡尔向富蒂乌斯写了一封道歉信而告终。此时笛卡尔对这场无聊的“战役”早已身心俱疲，他感到满腹委屈与失望。笛卡尔考虑要离开这个他生活了 20 年并视为第二故乡的国家。

笛卡尔在这一时期结识了酷爱其哲学思想的夏努。夏努在 1645 年成为法国驻瑞典大使，并经常在国内外宣传笛卡尔的思想，这为笛卡尔带来了一位新的拥护者——一个比以往任何一位都要位高权重的人——瑞典女王克里斯蒂娜。女王了解到笛卡尔的著作之后立即为之倾心，希望在斯德哥尔摩面见笛卡尔，聆听他的哲学。夏努把这个好消息告诉了笛卡尔。若是以前，笛卡尔必定不愿去如此遥远且寒冷的地方，因为他舍不得他的家乡和安逸的荷兰。如今纵然怀着万般无奈与留恋，但成为一位伟大女王的教师实在是一项殊荣，况且身经“乌垂特冲突”之后，笛卡尔可谓深陷泥沼，无数学术圈的人都已知晓了他的名字，许多人不仅反对他，还用足以毁灭他的理论来中伤他。笛卡尔此时希望能结识一个地位崇高的人，并且这个人的力量与贤良足以保护他。1649 年 9 月 1 日，笛卡尔动身了。但谁也没想到，这成了他最后的旅程。

女王对这位伟大哲学家的到来感到格外兴奋，派出皇家舰队前往迎接，并为笛卡尔专门举办了盛大的迎接典礼。这样的礼遇令当时聚集在瑞典宫廷的其他著名学者相当忌妒。而女王表达敬意的方式不仅是礼遇，她甚至让笛卡尔成为瑞典公民，封他为瑞典贵族，还想将一块封地送给笛卡尔，使之成为在瑞典拥有封地的世袭贵族，这简直是无数人梦寐以求的事。但笛卡尔淡泊名利并不为此所动。他曾说过："不希望有人给我尘世上的高官显位。"笛卡尔来到这里，只不过是想为女王讲授他的哲学并寻找暂时的庇护而已。实际上他依然牵挂着自己过去的生活，并且在抵达斯德哥尔摩四五天之后，就动笔开始给伊丽莎白公主写信，向公主倾诉心中的思念与牵挂。他一定未曾想到，这将是他给公主写的最后一封信，因为他的生命即将走到尽头。

1649 年 11 月，笛卡尔开始为女王上课。这位女王精力异常充沛，且热情好学，她每天早晨五点便起床，起床后的一个小时头脑最清醒，最适合学习哲学，于是她要求笛卡尔每天五点到皇宫授课。从未早起过的笛卡尔不得不放弃了他几乎坚持了一生的"赖床"习惯，每日凌晨

故居外景

三四点起床前往宫殿为女王提供政治上的建言，和女王探讨生命的意义并讲述宗教信念给人带来的力量。极北之国瑞典这一年的冬天格外寒冷漫长，习惯了故乡温暖气候的笛卡尔在 1650 年 2 月 3 日终于累病了，并且一病不起。尽管尝试了许多治疗方法，但笛卡尔的病情始终没有好转。望着窗外雪花飘飘，笛卡尔忍不住打了一个寒战，看了一眼书架，欲翻身起床，但身体已不听从使唤。他心头生起一种不祥的预感，自己的末日已然来临。1650 年 2 月 11 日凌晨四点，尚未满 54 岁的笛卡尔离开了这个世界。

笛卡尔去世了，但他的故事还远没有讲完。客死异乡的笛卡尔的葬礼极为简陋。女王原本想将笛卡尔与瑞典的历代国王安葬在一起，但在瑞典这个新教国家，为避免引起宗教和政治纷争，女王被迫接受了夏努的建议，将笛卡尔安葬在孤儿医院的公墓——一个专门安葬早夭孩子和瑞典天主教徒的地方。在笛卡尔去世 16 年之后，他的遗骸终于被运回了法国。这位足以代表整个法兰西的伟人的遗骸并没有被安葬在法国的

故居外景

先贤祠中，而是被安葬在了古老的圣日耳曼德普勒教堂中。

而笛卡尔的颅骨并不在此，现在被收藏在法国科学院的博物馆中。传说他的头骨在运输途中曾被宪兵队长盗走。生活在后笛卡尔时代的人们将他的颅骨视为圣物，认为那是世界迎来新的转折点的象征。或许是这个原因，他的颅骨曾一直在民间的收藏家手中秘密流转。这块颅骨，实在承载了太多的故事。两个多世纪之前，曾有人在它的顶部用飘逸的草体拉丁文写下过一首小诗，这些浅褐色的字迹历经岁月的打磨，如今还依稀可辨认：

这块小小的颅骨属于伟大的笛卡尔，

遗骨其余隐藏在遥远的法兰西；

然而他的天才，到处被颂扬。

他的心灵，天堂为之欢腾。①

笛卡尔的颅骨里是他充满激情的灵魂。笛卡尔曾说过：要想生活得快乐，就要戴上面具生活。他一生都在努力揭开真理的面纱，但自己却始终戴着面具起舞，用面具来掩饰自己炽热的脸庞，不愿为人所了解。笛卡尔就像一个谜，越是沉默，就越吸引着人们去一探究竟。他在禁欲孤寂的外壳下隐忍克制地活着，胸膛里却流淌着滚烫的血液，向往绝对的自由。为了保全生命能量的完整，笛卡尔戴上面具，在人们看不到的地方扎根。根系越宽广越深邃，便越能满足他，人们现在看到的枝干，只不过是他内心的一角。在笛卡尔的墓碑上镌刻着：欧洲文艺复兴以来第一个为人类争取并保证理性权利的人。笛卡尔信仰上帝，却用思考与怀疑，划分了理性与信仰的范围，将理性的归理性，信仰的归信仰。他对于形而上学方法论可靠性的怀疑，是日后击碎上帝的“锤柄”。没有这“锤柄”，由真理所铸造的“锤头”便无处安放。在人们为禁锢性的思想框架所拘囿之时，是笛卡尔“我思故我在”的呐喊震裂了枷锁，保

① 萧拉瑟．笛卡尔的骨头：信仰与理性冲突简史[M].曾誉铭，余彬，译．上海：上海三联书店，2012：160.

留了思想解放的火种，人们正是在这颅骨所藏的不屈灵魂的启发与指引下，才能乘风破浪，永不停歇。

（撰稿：周燕妮）

参考文献

阿祖维．笛卡尔与法国 [M]. 苗柔柔，蔡若明，译．北京：中国人民大学出版社，2008.

艾克赛尔．笛卡尔的秘密手记 [M]. 萧秀姗，黎敏中，译．上海：上海人民出版社，2008.

大美百科全书编委会．大美百科全书 [M]. 北京：外文出版社，1994.

笛卡尔．哲学原理 [M]. 关文运，译．北京：商务印书馆，1958.

笛卡尔．第一哲学沉思集 [M]. 庞景仁，译．北京：商务印书馆，1986.

笛卡尔．几何 [M]. 袁向东，译．武汉：武汉出版社，1992.

笛卡尔．论灵魂的激情 [M]. 贾江鸿，译．北京：商务印书馆，2013.

弗雷德里斯．勒内・笛卡尔先生在他的时代 [M]. 管震湖，译．北京：商务印书馆，1997.

黑格尔．哲学史讲演录 [M]. 贺麟，王太庆，译．北京：商务印书馆，1978.

尚新建．笛卡尔传 [M]. 石家庄：河北人民出版社，1997.

汤姆森．笛卡尔 [M]. 王军，译．北京：中华书局，2003.

文聘元．三重精彩——笛卡尔的生平、著作与思想 [M]. 北京：商务印书馆，2016.

萧拉瑟 . 笛卡尔的骨头: 信仰与理性冲突简史 [M]. 曾誉铭, 余彬, 译 . 上海: 上海三联书店, 2012.

周晓亮 . 大家精要 · 笛卡尔 [M]. 昆明: 云南教育出版社, 2009.

莱布尼茨

在德国的下萨克森州静谧的莱纳河畔、平坦的北德平原与高低起伏的中德山地的交汇处，有一座既沧桑厚重又古典优雅的城市——汉诺威。在这座古老而又现代的城市里，一位精通数学、哲学、法学、光学、力学和语言学的“亚里士多德式”的全才人物长眠于此。正如法国哲学家狄德罗在他所主编的《百科全书》中“莱布尼茨主义”条目中写的：“当一个人考虑到自己并把自己的才能和莱布尼茨的才能作比较时，就会弄到恨不得把书都丢了，去找个世界上极偏僻的角落躲藏起来以便安静地死去。这个人的心灵是混乱的大敌：最错综复杂的事物一进入他的心灵就弄得秩序井然。他把两种几乎彼此不相容的品质结合在一起了，这就是探索发现的精神和讲求条理方法的精神。”[①]莱布尼茨，这个无论如何都无法被人从历史上忽略的人物，是汉诺威人民永远的骄傲。在风云变幻的德国，莱布尼茨同康德、黑格尔等巨人一起

---

① 莱布尼茨．人类理智新论 [M]．陈修斋，译．北京：商务印书馆，1982：译者前言．

用深邃的思想和广博的学识照亮了德国沉寂的黑暗。

走近 1983 年在汉诺威原址按原样重建的莱布尼茨故居，首先映入人们眼帘的是其洋溢着文艺复兴风格的精美复杂的外观：以棕色和灰色为主色调的尖尖屋顶左右对称，展示出古代大数学家从完美数学模型中得到的启示；层次分明的窗户上下排列整齐，一一对应，也彰显了严谨的几何关系。从远处看，这所有着严谨“数学风格”的建筑仿佛在以其外观向路过的人们无声地宣告这所房子曾经的主人在数学方面的卓越成就。而且，令人惊讶的是，这所讲究几何对称和数学比例的略显威严庄重的建筑，同样也有着自由、优美、生机勃勃、富有人文精神的细节：拱门两侧双柱雪白的柱面上或雕刻着凝神远望的半裸少年，或雕刻着端庄优雅的裸体少女，或雕刻着威风凛凛的踱步雄狮；每两扇窗户之间由上而下的白色立柱，镶嵌着各式各样精致优美的花纹和图案；每一根圆柱都是一件造型精美、复杂绮丽的艺术品，散发着人文主义的芬芳。走进这所古老而又携带人文气息的建筑，屋里的一沓沓稿纸和室内极简的装饰风格，仿佛让我们再次看到了俯身案上、奋笔疾书的莱布尼茨。

莱布尼茨故居（德国汉诺威）

1676年11月底，莱布尼茨因汉诺威公爵约翰·弗里德里希邀请其担任爵府顾问及图书馆馆长职务来到汉诺威。之后，除了外出进行学术交流或开展外交活动之外，他其余时间都居住在汉诺威这座城市。在这里，他醉心于图书馆学研究，担任了40年汉诺威图书馆的馆长，与图书馆学结下了不解之缘。同样也是在这座城市里，莱布尼茨的数学、哲学思想逐渐走向成熟，达到了举世瞩目的高度。当夕阳的余晖柔和地倾洒在他目光坚定、身躯挺拔的雕像上时，莱布尼茨，这位精通数学、物理、哲学的伟大巨人，也将其耀眼的光辉毫不吝啬地倾洒进汉诺威这座城市。这座在第二次世界大战中被破坏得满目疮痍的城市，继承了莱布尼茨理性、科学的才华，在短短几十年间就跻身于德国工业制造业前列，并且获得了全世界最大的信息技术展览的举办权。此外，汉诺威这座城市仿佛也吸收了莱布尼茨深邃的哲学思想和无穷的魅力。目前欧洲最大的旅游企业途易的总部就设在这里。1831年创立的汉诺威莱布尼茨大学，至今仍以其无穷的精神之光吸引着世界各地千千万万的学子求学于此。

数学家E.T.贝尔称赞莱布尼茨为“样样精通的大师”。费尔巴哈评价他为“既具有植物学家和解剖学家的显微镜似的眼睛，也具有进行概括工作的分类学家的高瞻远瞩的目力；他既具有学者的忍耐心和敏锐感，也具有依靠自学的、独立思考的、寻根问底的研究者的坚忍力和勇气”①。他是被世人尊称为“十七世纪的亚里士多德”②的伟大人物，他求知的渴望、敏锐的双眼、智慧的思想，一直在历史的长河中闪烁光芒。尽管历史的迷雾曾将他和他所在的那个时代掩盖，但当我们徜徉在汉诺威这座现代化的沿河城市之中时，莱布尼茨，这个无法绕过的名字，便化身为汉诺威市莱纳河畔的一缕清风，吹开历史的迷雾，指引我们去领略他传奇而又跌宕起伏的一生。

---

① 费尔巴哈.对莱布尼茨哲学的叙述、分析和批判[M].涂纪亮，译.北京：商务印书馆，1985：17.

② 浚达.十七世纪的“亚里士多德”[N].广东科技报，2012(9)：1.

读书神童

“世界上没有两片完全相同的树叶”，莱布尼茨的这句名言在当今社会经常被用作个人自我激励和个性发展的座右铭，而这句话本意中体现出的探索、学习精神，在莱布尼茨还是个少年的时候，就已经在他身上绽放光芒。他少年时的博览群书，大学时对法学、哲学、数学的广泛研究，为他一生的“百科全书式”发展奠定了深厚的学识基础，并培养了他多角度、多层次的思维模式。

1646 年 7 月 1 日，戈特弗里德·威廉·莱布尼茨出生于德国东部城市莱比锡的一个温馨的知识分子家庭。他的父亲弗里德希·莱布尼茨是莱比锡大学的道德哲学教授，他的母亲凯瑟琳娜·施马克出生于教授家庭，虔诚信仰新教路德教。生长在这样一个既有人文精神，又有丰富哲学素养的家庭里，莱布尼茨从小就耳濡目染，受到了父母的启蒙，在学习方面展现出极高的天赋。尽管莱布尼茨在 6 岁时父亲去世，但母亲从来没有放弃过对他的教育。利用父亲遗留下来的丰富藏书，莱布尼茨从小就对古希腊、古罗马文化有了基础的了解。年仅 8 岁时，他就被母亲送入尼古拉学校学习拉丁文、希腊文、修辞学、算术和逻辑。

故居旁景观

莱布尼茨在哲学、数学、法学方面的全才式天赋在上大学时开始崭露头角。1661 年，15 岁的莱布尼茨进入莱比锡大学学习法律，很快就跟上了大学二年级的课程。在大学期间，除了学习修辞学、拉丁文、希腊文等传统的经院课程，莱布尼茨还广泛阅读了开普勒、培根、伽利略等大家的著作。在听教授讲解了欧几里得的《几何原本》之后，莱布尼茨对数学逐渐产生了兴趣。凭借自己广泛的知识涉猎和高效率的学习，1663 年 5 月，未满 17 岁的莱布尼茨以《论个体原则方面的形而上学争论》一文获得学士学位。该论文最早见证了莱布尼茨对同一性和个体化的本质问题的思考。同年暑假，莱布尼茨前往魏玛公国的魏玛城，在耶拿大学跟随魏格尔系统地学习了欧氏几何。这一机缘使他开始信奉毕达哥拉斯—柏拉图的宇宙观，即“宇宙是一个由数学和逻辑原则所统率的和谐的整体”①。魏格尔具有神秘色彩的四进位制算术理论，对莱布尼茨后来创立二进位制产生了很大的影响。尽管此时莱布尼茨对哲学和数学已经展现出探索精神，但他这时学习的重心仍然在法律上面。回到莱比锡大学以后，他潜心研究法学理论，同时积极熟悉法庭的一系列审判程序，将法学的知识和实践结合起来。莱布尼茨最终于 1664 年 1 月凭借论文《论法学之艰难》获得了莱比锡大学的哲学硕士学位。1666 年，在莱比锡大学的最后一年里，他递交了一篇非常重要的论文《论组合术》。这篇关于数理逻辑的论文，将理论的论证归结于一种计算的结果，虽然不够成熟，却极具创新性。时年 20 岁的莱布尼茨希望能够通过这篇论文获得博士学位，并借此留在莱比锡大学任教。但莱比锡大学却以他太年轻为由婉拒了他。

莱布尼茨在莱比锡大学任教的希望化为了泡影。这一希望破灭后，莱布尼茨于 1666 年 10 月转到了纽伦堡附近的阿尔多夫大学。在阿尔多夫大学完成注册后，他立刻提交了自己的博士论文。尽管阿尔多夫

---

① 张祖贵，张黎 . 百科全书式的科学大师：莱布尼茨的故事 [M]. 广州：广东教育出版社，2004：12.

大学在规模上比莱比锡大学小，但这却是一所学术氛围浓厚、对各种思想兼容并包的大学。1667 年 2 月，莱布尼茨的博士论文答辩会在阿尔多夫大学正式举行。由于其论文答辩的成功和出色的学术才能，莱布尼茨获得了阿尔多夫大学聘请他为法学教授的诚恳邀请。心愿马上就能够实现，但莱布尼茨却犹豫了，他在思考这种终身学院式的生活是否真的有利于自己的发展。自己年仅 21 岁的青春，如果长期固定在一个地方，会不会僵化，自己的创造力会不会为大学的条条框框所压抑。在几番犹豫之后，年纪轻轻的莱布尼茨最终放弃了阿尔多夫大学的邀请，毅然决然地投身于社会这个大熔炉之中。而后来莱布尼茨的人生轨迹也深深地印证了他当初这一选择的正确性，其后来的众多科学创造以及伟大的哲学思想，都是在丰富多彩的社会生活中和一次次社会挑战的历练中得来的。

宫廷“贵人”

学术青年莱布尼茨在离开安逸的象牙塔后，机缘巧合地跑到法兰克福，登上了复杂的政治舞台。在莱布尼茨的一生中，他曾经为欧洲五个王室宫廷服务过。在他以后若干年的学术或者政治生涯中，他一直生活在与宫廷活动有关的环境里，与宫廷有着或多或少的联系。

1667 年夏天，莱布尼茨遇到了对他后来的人生产生重要影响的美因茨选帝侯的第一任首相、博因内堡男爵约翰·克里斯蒂安。在当时，选帝侯是有资格竞选普鲁士国王的德意志各公国的诸侯，地位十分显赫。而男爵作为其十分信任的重臣，自然深受民众敬重和爱戴。二人初次相遇，莱布尼茨渊博的法律知识、对数学和宇宙的深奥见解以及对如何处理公共事务的不凡议论让博因内堡男爵大为惊叹，他极力劝说这位才华横溢的年轻人跟随自己一起去莱茵河畔的法兰克福。就这样，莱布尼茨的政治生涯开始了。莱布尼茨在追随男爵的过程中，于 1670 年为男爵丰富而庞杂的藏书编制了一个目录，这为他日后从事图书馆工作埋下了

故居大门

伏笔；此外，他还在男爵的支持下，写了很多宗教题材的论文。

在美因茨的那些年，莱布尼茨的政治思想日渐明晰。得益于其大学时对法学理论的学习和研究，在政治方面，莱布尼茨以协调“个人”之善与“集体”之善为宗旨，对“正义”下了内涵深刻的定义。“正义是在保留个人幸福的同时，朝向公共幸福的持续的努力；正义便是爱自己与爱邻人之间的均衡。”① 这一定义使得莱布尼茨在政治领域有了一席之地。此后，在1669年至1670年为《自然法原理》所写的一些准备性的笔记中，莱布尼茨又强调了“安全”与“幸福”之间的区别，这成为他政治思想的典型特色。② 不仅在政治理论上，在现实生活中，莱布尼茨也在践行着自己的政治主张。到美因茨不久，莱布尼茨就发表了关于波兰君主大选的政治文章，条理清晰地论证了波兰王位的继承权，在美因茨的政治界奠定了自己的地位。同时，他在国际关系、国防、外交等方面也展现出了敏锐的眼光。1670年，他发表了《评如何把社会内外安全和国家

① 安托内萨．莱布尼茨传[M]．宋斌，译．北京：中国人民大学出版社，2015：100.
② 参见安托内萨．莱布尼茨传[M]．宋斌，译．北京：中国人民大学出版社，2015：101.

富强置于可靠的基础之上》一文。在文中，莱布尼茨阐述了有关国家安全的重要观点。莱布尼茨作为一位周旋于各国之间的社交达人，其对于国家分裂和民族政治的关注与他自身幼年所处的国家环境密不可分。德国 30 年战争（1618—1648）使得德国在领土上分裂成众多独立的侯国，民族主义精神衰落，德国人对“德国”这个名称感到羞耻。[①] 在这样一种萧条的大环境下，如何维护德意志的安危，这自然是作为一位民族主义者的莱布尼茨十分关心的问题。对于莱布尼茨创立政治学说的初衷，或许可以用他为自己所写的墓志铭总结：“假若大业已成，然余对其行诸法德并不在意，余所挂念者乃人类之善事。余非亲希腊之徒，亦非亲罗马之士，乃是博爱之君子。” [②]

除了热衷于政治，莱布尼茨还利用他参与政治活动的便利条件，广泛交友，与社会各界建立了十分密切的关系。他生性思维活跃，在各个领域均有朋友，莱布尼茨经常把自己关于政治、宗教、社会、学术、国防等方面问题的思考写成书信与很多有识之士讨论。这种以书信来陈述己见、并与人交流的写作方式贯穿了莱布尼茨的一生。除此之外，莱布尼茨还利用外交官身份以及与宫廷和社会知名人士的友好关系到处游说，为建立科学院立下了汗马功劳。

在 1700 年前后，莱布尼茨热衷于科学院的筹划、创立、建设事宜。在莱布尼茨看来，学者们分散且独立的学术研究虽然独树一帜，各有创新之处，但因为缺少资源的整合和资金的支持，既浪费了时间又使得工作效率不高。因此，莱布尼茨提倡集中人才研究学术、文化和工程技术，从而尽可能地提高学术研究的工作效率，并将学术研究的成果有效地应用于国家建设。从 1695 年起，莱布尼茨就一直为柏林科学院的创建而四处奔走。1698 年，他为此亲赴柏林。1700 年，当他第二次访问柏林

---

① 参见梯利，伍德．西方哲学史［M］．葛力，译．北京：商务印书馆，1995：402.

② 帕塔里克·赖利．莱布尼茨政治著作选［M］．张国帅，李媛，杜国宏，译．北京：中国政法大学出版社，2014：61.

时终于找到了一位重要的资助人——勃兰登堡选帝侯兼普鲁士公爵腓特烈·威廉·冯·霍亨索伦，也就是后来的普鲁士王国的第一任国王腓特烈一世。他和他的妻子都十分赞赏莱布尼茨的提议。在他们的赞助下，柏林科学院建立了，由莱布尼茨出任首任院长。1700 年 2 月，莱布尼茨被选为法国科学院院士。这对曾经在法国从事过科学研究的莱布尼茨来说，确实是一个极高的荣誉。至此，莱布尼茨已经加入了当时全世界最著名的四大科学院：英国皇家学会、法国科学院、罗马科学与数学科学院、柏林科学院。此外，莱布尼茨还促成了维也纳科学院、彼得堡科学院的创建。在计划筹建科学院的过程中，莱布尼茨感受到了不同国家宫廷的或冷淡或热情的态度，但始终未停止自己在各国筹建科学院的脚步。在 1712 年至 1713 年间，莱布尼茨以其独特的个人魅力以及对各国的奉献和担当先后被五个不同的王室雇用。这也凸显了他出色的国际外交才能。

在一番游历之后，这位年轻的学术天才已经成为一位具有广泛国际影响力的科学家和数学家。他在英国和法国学术界的影响甚至超过了他的故乡德意志。

汉诺威“馆长”

1676 年 11 月底，莱布尼茨来到了汉诺威，担任汉诺威公爵约翰·弗里德里希的爵府顾问和图书馆馆长，后来他又被加任为国际通信者（负责外交事务）与技术顾问。自从 1676 年莱布尼茨在汉诺威任职后，除了外出进行外交或者学术交流活动，他就一直居住于此地。莱布尼茨在这里担任了 40 年的图书馆馆长，进行了数不胜数的科学研究，他思维碰撞的灵感、埋头演算的身影、踽踽独行的落寞、目光灼灼的远望、深谋远虑的筹划，他的喜怒哀乐、他的荣耀与低谷、他的 40 年的人生岁月，一直到他生命的最后时刻，都永远地留在了他的第二故乡汉诺威。

故居外墙浮雕

在担任图书馆馆长一职时，莱布尼茨在图书馆事业上耗费了大量的心血，并做了许多琐碎、繁重的工作。他不仅对数目繁多的图书进行了日常的编目，而且还亲自设计建造了专门存储和利用图书的建筑——图书馆。经过三次搬迁，到1698年，莱布尼茨创建的图书馆终于有了自己独立的房屋,其中还单独安排了一个房间作为图书馆馆长的生活住房,这间生活住房被称为“莱布尼茨屋”。莱布尼茨在图书馆学上有着重要的地位,他知识广博,学术研究涉及科学、哲学、数学、力学等多个领域。这种百科全书式的知识体系对图书馆学的发展至关重要。“莱布尼茨屋”曾被德国人当作重要遗迹保护。然而，遗憾的是，这一遗迹在战火纷飞的第二次世界大战中被夷为平地。1983年，汉诺威人又在原地照原样对“莱布尼茨屋”进行了重建，以此来纪念莱布尼茨对图书馆学和汉诺威的突出贡献。

在汉诺威担任技术顾问期间，莱布尼茨对科学技术产生了浓厚的兴趣。在动力学方面，他于1679年向汉诺威公爵提出了利用风力抽水提高哈兹银矿产量的计划；在化学方面，他撰写的《磷发现史》，在他去世后的1784年发表在克雷尔的《新化学杂志》上，至今仍被保存在汉诺威图书馆中；在材料力学方面，他于1684年写出的《固体受力的新分析证明》指出了纤维是可以延伸的；在工程技术方面，他于1700年最早提出了无液气压机原理。由于职业原因，莱布尼茨经常乘坐马车四处奔波。为了节约时间进行科学研究，莱布尼茨经常要在马车上进行思考、写作。为了让马车颠簸得不厉害，他曾花了很长的时间去研究如何改进马车的设计。

莱布尼茨自1676年来到汉诺威市任职以后，在他生命中30岁以后的光阴中，汉诺威便成为一个萦绕不去的名字。这里的一草一木、每缕清风、每缕阳光、每个微笑都曾热情而善意地欢迎着莱布尼茨的到来。他的思想与呼吸，历经40年的光阴，早已经深深地融入汉诺威的血脉中。如果有一天你来到此地，在汉诺威街头有兴趣驻足停留，仿佛还能看到在嗒嗒马蹄声中埋头研究的莱布尼茨的身影。

中国“粉丝”

莱布尼茨的学术视野除了遍及英法之外，还扩展到了中国。莱布尼茨所生活的年代，正是欧洲“中国热”的时代，“当莱布尼茨慢慢地进入当时的精神世界时，中国已成为欧洲的日常话题”①。与很多欧洲人不同，莱布尼茨对于中国不是仅仅停留在“兴趣”层面，而是试图全面了解这个古老而又神奇的国家。他借助自然神学的思想，对中国的传统思想做了大胆的诠释。后来的加拿大著名学者秦家懿和维尔在《道德启蒙》中评价道：“莱布尼茨甚至在现在看来还是最深入了解中国及其哲学的最伟大的西方哲学家。”②

莱布尼茨与中国的渊源颇深，早在1666年他就在《论结合的方法》一书中提到了“中国”，那时他才20岁。而莱布尼茨对中国系统的了

① 张西平．莱布尼茨思想中的中国元素[M]．郑州：大象出版社，2010：1.

② 方岚生．互照：莱布尼茨与中国[M]．曾小五，译．北京：北京大学出版社，2013：译者序第3页．

解起源于1687年与耶稣会教士闵明我在罗马的接触。从那时起，莱布尼茨开始逐渐参加耶稣会的活动，并与好几个生活在中国的耶稣会教士有固定的通信往来。特别是与在北京的传教士闵明我和白晋之间的通信，对其哲学影响颇大。1697年，广有影响力的《中国近事》出版，它是莱布尼茨编辑的耶稣会与中国相关的文件集。在这本书的前言中莱布尼茨表达了西方需要向中国学习以及东西方的优势应该互补的观点。莱布尼茨还写了另外两篇直接与中国相关的文章：一篇是在1700年1月1日寄给安东尼·沃珠的《论对世俗孔子的尊敬》，另一篇简短的文章则在1709年8月12日寄给了巴托洛梅乌斯·傅斯。1716年，在莱布尼茨生命的最后阶段，他应尼古拉斯·雷蒙之邀写作了关于中国哲学的最广泛的论述《中国的自然神学论》，但很遗憾，在他去世之前并没有写完。在《中国的自然神学论》一文中，他写道："对我来说，我发现这一切都非常出色，非常符合自然神学……只要它重新唤醒了铭刻在我们心中的自然法则，它就是纯粹的基督教——除了那些改进我们天性的启示和神恩。"[①]虽然莱布尼茨不是第一位用自然神学去解释中国文化的人，但他对中国文化的解释无疑是有独创性的。

除著作之外，莱布尼茨在他的信件中不断提到中国。莱布尼茨关于中国的最早信件是与东方学专家哥特利布·斯皮泽尔的通信，信中大部分是关于基督教的讨论和无神论威胁的内容。此后，在与传教士等人的通信中，关于中国的讨论从未停止，直至他生命的终点。莱布尼茨在他的通信中对于中国的医术、汉字、地理等均有所讨论，最应该被提及的是他和友人关于二进制算数和《易经》八卦之间的联系的讨论。当时莱布尼茨已经研究出他那基于零和一之上的二进制算数系统，并意识到这个系统可以为人们提供一个演示神如何从虚无、元一中创造万物的图解。莱布尼茨在1697年和1701年分别给了闵明我和白晋一份二进制数学系

① 方岚生．互照：莱布尼茨与中国[M]．曾小五，译．北京：北京大学出版社，2013：143.

故居内景

统的说明，以期对他们的传教有所帮助。而此时的白晋正在研究《易经》，莱布尼茨二进制算术的描述使他联想到《易经》中的传统卦序。在几番思索之后，白晋认为八卦也代表了一种二进制算术，并在 1701 年向莱布尼茨讲述了这一点。1703 年莱布尼茨向巴黎科学院递交了《二进制算术的解读》一文，其中解释了二进制算术与八卦之间的关系。

在《中国近事》的导言中，莱布尼茨曾说道："如果选一位智者做裁判，要他判定的不是哪个女神最美，而是判定哪个民族最为杰出，那他一定会把金苹果（意指奖品）判给中国人……"[①] 莱布尼茨这种明显不带有"欧洲中心论"色彩的谦逊好学的精神，为中西文化的交流创造了一个良好的开端。这位百科全书式的学者，痴迷于各种类型的人类文明，对任何的学术成果都保持着谦逊、探索的精神和热切的兴趣。莱布尼茨生活的时代，正是中国的清朝年间，是外国传教士在中国活动比较频繁的时期。在那一段历史时期，中国在吸收西方先进的文化成果的同

① 张西平．莱布尼茨思想中的中国元素 [M]．郑州：大象出版社，2010：9.

时，莱布尼茨这样的西方大学者们，也从中国源源不断地吸收了古老而神奇的中华文化。正是因为这样的学术交流，才促进了东西方文化的纵深发展。莱布尼茨，这位几乎是近代欧洲最早关注中国文化的著名学者，为中西文化的交流做出了巨大的贡献。

哲学泰斗

莱布尼茨的哲学在欧洲乃至整个世界的影响都是巨大的，诚如德国哲学家费尔巴哈所说："近代哲学领域内继笛卡尔和斯宾诺莎之后，内容最为丰富的哲学家乃是莱布尼茨。"①莱布尼茨上承希腊古典哲学，下启德国近代哲学。有研究学者更是认为，"莱布尼茨是可以与亚里士多德、康德并列的三大哲学泰斗之一"②。

莱布尼茨是试图建立形而上学体系的第一个近代伟大的德国思想家。他生前发表过的唯一篇幅较长的哲学著作是于1710年出版的《神义论》。"神义"一词是上帝和正义的组合，其意为上帝之正义。莱布尼茨认为，我们的理性常常陷入两个著名的迷宫："一个是关于自由和必然的大问题，特别是关于恶的产生和起源的问题；另一个问题在于有关连续性和看来是它的要素的不可分的点的争论，而这问题牵涉到对于无限性的考虑。前一个问题烦扰着几乎整个人类，而后一个问题则只是得到哲学家们的注意。"③莱布尼茨在《神义论》中主要讨论了前一个问题，神义问题的核心在于：世界上所存在着的如此多的恶这一现实怎么能与上帝之全知、全能、全善相容？对于神义问题，归根结底所要解决的便是恶之来源、恶之理由的问题。至于莱布尼茨在序言中所提到的哲学家们所关注的后一个问题，便是其提出的单子论所试

① 张西平．莱布尼茨思想中的中国元素[M]．郑州：大象出版社，2010：54．

② 张西平．莱布尼茨思想中的中国元素[M]．郑州：大象出版社，2010：48．

③ 莱布尼茨．人类理智新论[M]．陈修斋，译．北京：商务印书馆，1982：译者序言．

图解决的。1695年，莱布尼茨在写给数学家洛必达的信中首先使用了“单子”这一概念。《单子论》一书正式写成则是在1715年。此书或许是莱布尼茨自1700年左右就开始热衷的终极形而上学唯心主义的通俗介绍。[①]一如笛卡尔和斯宾诺莎,莱布尼茨也让他的哲学建立在“实体”概念上。但在关于精神和物质的关系以及实体的数目上，他和这两个人的意见截然不同。在笛卡尔看来，物质的本质是广延性。斯宾诺莎则认为广延性是神的属性。莱布尼茨认为各单个实体必定是无广延性的，宇宙中有无限个实体，他把实体称之为“单子”。单子是没有部分的，它不能通过别的东西的合成而产生，也不能通过分解而消失；单子没有“可供事物出入的窗户”，单子之间是孤立的。莱布尼茨将全部单子设想为一个序列，单子因知觉的清晰程度不同而有高低等级之分，上帝作为一个单子是一个个体、一种人格，但他超越一切单子，是超自然和超理性的，是最完善和最实在的存在物。

德国著名哲学家黑格尔曾经这样形容莱布尼茨的哲学思想：“在莱布尼茨看来，思想前进到什么地步，宇宙就前进到什么地步；理解在什么地方停止了，宇宙就在那里停止了，神就在那里开始了。”[②]莱布尼茨在德国人中间掀起了一个巨大的哲学研究热潮，他唤醒了人们的研究精神，并且把它引向新的方向，为德国古典哲学开辟了新的道路。

数学通才

17世纪下半叶，随着科学技术的突飞猛进以及人们对于提高生产力的迫切需要，经过一代又一代的学术积累和科学家们坚持不懈的努力，微积分理论应运而生。微积分思想，最早可以追溯到希腊由阿基米德等人提出的计算面积和体积的方法。1665年数学家牛顿创立了微

① 参见乔里．莱布尼茨[M].杜娟，译．北京：华夏出版社，2013：25.
② 黑格尔．哲学史讲演录：第四卷[M].贺麟，王太庆，译．北京：商务印书馆，1978：184.

积分，而莱布尼茨在1673年至1676年间也发表了关于微积分思想的论著。在这以前，微分和积分作为两种独立的数学运算和两类不同的数学问题，需要分开各自进行研究。在微积分的创造历史上，卡瓦列里、巴罗、沃利斯等人都曾为微分和积分的联系互通做出了一定的贡献，但只有莱布尼茨和牛顿两人，通过自己的学说将微分和积分真正沟通起来，条理分明地找到了两者的内在直接联系：微分和积分是两种互逆的运算。虽然微积分的诞生是一件有利于人类进步的喜事，但微积分创立权的归属问题却在数学界引起了轩然大波，至今人们对此依然争论不休。虽然牛顿关于微积分的研究早于莱布尼茨，但莱布尼茨成果的发表却早于牛顿。

1684年，莱布尼茨在《教师学报》上发表了一篇名为《一种求极大极小的奇妙类型的计算》的论文，这是历史上发表最早的微积分文献。这篇仅仅六页的论文，内容虽不完备，逻辑推理也不甚明确，但在数学史上却有着划时代的意义——它正式宣告了微积分的诞生。三年后，牛顿在1687年出版的《自然哲学的数学原理》的第一版和第二版中却这样写道："十年前在我和最杰出的几何学家莱布尼茨的通信中，我表明我已经知道确定极大值和极小值的方法、作切线的方法以及类似的方法。"莱布尼茨和牛顿双方各执一词，各有各的说法，所以微积分的归属权到底属于谁并无准确的判定。莱布尼茨和牛顿的这场论争在英国民众之间引起了极大的反响。伦敦大街上的不少行人都愤然地议论着这件事情：他们的皇家学会会长牛顿爵士在数学上的突出成就被海峡对面一个叫莱布尼茨的宫廷文人窃取了，并且抢先发表了，这个贼竟然还大肆宣扬自己才是微积分的发明人。当时如果有谁在伦敦街头替莱布尼茨辩白几句，他定会成为众矢之的，并被指责为不爱国。这一微积分的创立归属权问题在当时的英国已经发酵成为事关国家荣誉和爱国与否的一件大事。

为了捍卫自己的学说，1700年莱布尼茨在《学术记事》上撰文，强调自己从牛顿的信件中得到的仅仅是结论，而不是微积分的论证方法。在此后几年间，瓦里士、牛顿、克尔等人曾先后在杂志上公开就此事对莱布尼茨进行质询和指控。1710 年，克尔发表文章，正式指控莱布尼茨剽窃了牛顿的微积分成果，引起了欧洲数学界乃至上流社会的轩然大波。欧洲大陆的数学家们也按捺不住了，面对英国学界的指控，以约翰·贝努利为核心的欧洲大陆数学家们开始了对牛顿及支持他的数学家们进行猛烈的反击。面对这一轮又一轮的风波，莱布尼茨为自己所遭受的不公正评价和不实指责而深感不安。关于微积分创立的归属权的争论随着双方矛盾的激化逐渐转化成针对个人的人身攻击。这种状况其实对于微积分理论的发展并无益处。为了微积分学科的未来发展，也为了替自己正名，1714 年，莱布尼茨在身体状况逐渐恶化的情况下写下了《微积分的历史和起源》。在著作中，他详细梳理了自己学术思想的发展历程，并回顾了与牛顿的具体通信情况。这是微积分发展历史上一份重要的史料。尽管随着年龄的增长和记忆力的衰退，书中有些内容在逻辑上不是十分严谨，但也在一定程度上阐明了莱布尼茨当时创立微积分的思路。尽管大多数欧洲大陆数学家认为莱布尼茨是微积分的创立者之一，但在莱布尼茨的生命旅程中，“剽窃”的罪名却一直伴随他走完生命的最后一刻。1716 年莱布尼茨去世时，内心或许依然还存有委屈和为此事进行争辩的冲动。微积分之争历经重

故居的精美雕塑

重波折，历史的真相到底是什么，我们已无从知晓。

除了微积分之外，莱布尼茨也是当仁不让的计算机先驱。熟悉科学史的人们都知道，世界上第一台通用电子计算机是于 1946 年 2 月 14 日在美国宾夕法尼亚大学诞生的。它的发明者是美国人莫克利和艾克特。但谁能想到，200 多年前，“全才”的莱布尼茨就已经萌生了创制计算机的超前想法。

在 1670 年的一天，莱布尼茨看到了一个能够自动记录行人走路步数的仪器，这使他大为吃惊，并由此萌生出了新的想法，即能否设计出一种相似的仪器，对它进行科学的设计，然后通过加减乘除的大量复杂运算，最后准确得出运算的结果。莱布尼茨因自己的奇妙想法振奋无比，并立即着手设计。在 1671 年至 1672 年间，莱布尼茨已经设计出了第一台能够进行乘法运算的计算器。而在此之前，1642 年的巴斯卡计算器只能进行加法和减法运算。莱布尼茨制作的这种乘法机至今还有一台被保存在汉诺威的凯斯勒博物馆。1674 年，莱布尼茨在物理学家马略特的帮助下又制成了一台能够进行加、减、乘、除及开方运算的机器。1685 年，莱布尼茨用拉丁文写作了《论自动进行加、减、乘、除法运算的算术计算机》一文，记录了设计这台计算器的经过。1710 年，他又在另一篇文章中描述了计算器在未来科学发展史上的重要性，但却没有写制作计算器的详细方法。那份在 1685 年以拉丁文写成的关于计算器设计的手稿，一直到 1897 年才被公布出来，登在了《测量杂志》上。尽管在 1674 年，大家就已经知晓莱布尼茨设计出了一台集加、减、乘、除及开方运算于一体的计算器，但这篇过了 210 余年才发表的文章，仍然具有科学意义。

正如莱布尼茨所言：“我所说的关于该机器的建造和未来的应用，在将来一定会更完善，并且我相信对于将来能见到完善的计算机的人，一定会看得更清楚。”生活在信息网络时代的我们就是莱布尼茨预言最好的证明人。

巨星陨落

1714年，在外奔波、活跃于各国之间的莱布尼茨突然回到了汉诺威。他风尘仆仆，身边只有车夫和马匹做伴。此时他已经68岁了，再也没有了年轻时的活力和康健，长时间的旅途跋涉使他显得很疲惫。乔治一世即将继承英国王位，莱布尼茨这次回来，本来是想跟随乔治一世一同前往伦敦的，但可惜的是乔治一世三天前就已经前往伦敦，对此莱布尼茨感觉十分沮丧。68岁的他驻足于汉诺威的街头，忽然觉得自己无所依靠。想当年他为了各国的科学事业四处奔走，风光时雇用他的宫廷有五六家之多。在上层社会，他是可以谈笑风生的上流人士；在民间，他有一群可以书信往来的知己贤友。但在过去的几年里，莱布尼茨逐渐感觉到原先雇用他的宫廷都开始对他冷淡了，当初的门庭若市如今也变得冷冷清清。

"不过这样也好。"他转念安慰自己。他清楚地了解自己的身体状况，自己再也不是那个曾经在马车奔波的途中能完成一幅设计构图或手稿的壮硕青年。50岁以后，关节的疼痛时常折磨着他，有时疼痛在半夜袭来，他甚至不能起身下床。可为了自己的事业和内心的志向，莱布尼茨始终咬牙坚持着，与车夫、马匹为伴，四处颠簸。如今，是到了该停下来的时候了吗？孤寂而悲惨的晚年终于降临在了这个曾经有过风光荣耀的人身上。年轻时他是学术天才，20余岁便已经学贯东西，并舍弃教授职位毅然投入社会；中年时，他人生得意，在科学、数学和力学上均有成就，是各国皇家学会和宫廷的座上宾，身边慕名而来者数不胜数；而如今到了晚年，却只剩下一副病躯。但他并不甘心。他写信给新上任的英国国王，询问自己是否能被任命为伦敦宫廷的历史学家，没想到被国王委婉地拒绝了。不过，国王许诺只要莱布尼茨完成了对布伦瑞克家族史的编写，就授予他宫廷历史学家的头衔。莱布尼茨对于自己不能被任命为伦敦宫廷的历史学家感到很遗憾，但国王的许诺又给了他一线希望。直到70岁高龄，他仍在艰苦而努力地做着国王布置给他的任务。

故居的精美雕塑

年近古稀的莱布尼茨不想在岁月面前低头，他想离开汉诺威，他想同往昔一般，看见那个信心满满、始终奔波于路上的自己。他写信给法国国王路易十四，并准备于1715年动身前往法国，但不幸的是，路易十四在1715年去世了；他想搬去维也纳，甚至委托别人在维也纳帮他购置财产；他考虑去柏林，因为他是柏林科学院的创建者和首任院长；他甚至想去遥远寒冷的俄国，沙皇彼得大帝曾经邀请他去担任宫廷科学顾问。然而最终，莱布尼茨一个方案都没能真正实施。政治生涯的低迷并没有影响莱布尼茨的学术热情，在生命的最后几年，他仍然坚持学术研究。1714年在维也纳，莱布尼茨在《单子论》一文中，阐述了其哲学体系的核心思想。在最后几年，莱布尼茨发表了很多有关英国政治的著作。1715年发表的《对要求詹姆士二世的后裔继承王位者的反驳》，成功维护了汉诺威王室的权益。尽管他留下的学术遗产已经十分丰富，但遗憾的是，莱布尼茨最终没能完成原本计划的哲学巨著和历史著作。1716年11月14日，莱布尼茨与世长辞。他是因痛风、胆结石引起腹绞痛在卧床一周后离开人世的，享年70岁。莱布尼茨终生未婚，也没有在大学当过教授。与生前被各大宫廷争相邀请的盛况不同，他去世时冷冷清清，曾经交往甚密的王室成员没有一个人前来吊唁。在他弥留之际，只有他的秘书艾克哈特和他的大夫（也有人说是车夫）

陪伴着他，生性喜爱热闹的莱布尼茨就这样凄凉地走完了自己的一生。

究竟是怎样的手，才会描绘出莱布尼茨这样深邃睿智的瞳孔；究竟是怎样的机缘巧合才会创造出他这样活泼、敏锐、具有生生不息的探索精神的大脑；究竟是怎样的志向和勇气鼓舞着他一直活跃在充满复杂纷争的国际舞台。或许，正如德国哲学家费尔巴哈指出的："莱布尼茨之所以博得不朽的荣誉，主要是由于他在哲学和数学方面作出卓越的成绩，可是，这两门科学并不是在他青年时期以及后期吸引着他去研究的唯一对象。……在他整个一生中，他'始终怀着强烈的求知欲'，孜孜不倦地从事于这种多方面的或者毋宁说全面的研究；因此，他的学识极其渊博，令人赞叹，而他之所以令人赞叹，与其说是由于他的知识面极其广泛，不如说是由于这种渊博知识的质量，因为它不是一种僵死地铭记在脑海里的知识堆积，而是一种天才的、创造性的博学多识。"①莱布尼茨，这位曾经点亮了德国思想的天空的光明使者，如今其广博浩瀚的深厚学识、跌宕起伏的传奇人生、不屈不挠的人文精神鼓舞着后辈们，给他们以前进的力量。

（撰稿：陈晴晴）

---

① 费尔巴哈．对莱布尼茨哲学的叙述、分析和批判[M]．涂纪亮，译．北京：商务印书馆，1985：16-17.

参考文献

安托内萨．莱布尼茨传 [M]. 宋斌，译．北京：中国人民大学出版社，2015.

方岚生．互照：莱布尼茨与中国 [M]. 曾小五，译．北京：北京大学出版社，2013.

费尔巴哈．对莱布尼茨哲学的叙述、分析和批判 [M]. 涂纪亮，译．北京：商务印书馆，1985.

黑格尔．哲学史讲演录：第四卷 [M]. 贺麟，王太庆，译．北京：商务印书馆，1978.

浚达．十七世纪的“亚里士多德”[N]. 广东科技报，2012（9）.

莱布尼茨．人类理智新论 [M]. 陈修斋，译．北京：商务印书馆，1982.

赖利．莱布尼茨政治著作选 [M]. 张国帅，李媛，杜国宏，译．北京：中国政法大学出版社，2014.

乔里．莱布尼茨 [M]. 杜娟，译．北京：华夏出版社，2013.

梯利，伍德．西方哲学史 [M]. 葛力，译．北京：商务印书馆，1995.

张西平．莱布尼茨思想中的中国元素 [M]. 郑州：大象出版社，2010.

张祖贵，张黎．百科全书式的科学大师：莱布尼茨的故事 [M]. 广州：广东教育出版社，2004.

伏尔泰

在法国的东部，有一座以伏尔泰的名字命名的小镇——菲尔内－伏尔泰。小镇的伏尔泰广场上，矗立着一座状似孱弱、瘦骨嶙峋却神色安详的伏尔泰雕像。在岁月的侵蚀下，这座青铜雕像已经锈迹斑斑。但当初升的朝阳照耀在上面时，它的每一处肌理依然闪烁着陆离的光彩，似乎在诉说着年迈的伏尔泰洞察世事的聪慧和睿智。伏尔泰在菲尔内度过了他生命中的最后20年，若不是伏尔泰，恐怕菲尔内这个名不见经传的边陲小镇，至今也不会为人所知。两个多世纪前，伏尔泰因被国王路易十五驱逐，且与普鲁士国王腓特烈二世交恶，走投无路，不得不栖身在日内瓦。然而好景不长，伏尔泰又惹怒了日内瓦及法国当局和教会，为了免遭迫害而移居菲尔内。伏尔泰的诸多不幸，却成了菲尔内的幸运。这个远离朝廷的穷困偏僻之地，在这位“菲尔内教长”的悉心经营下，焕发了生机。伏尔泰在菲尔内兴办学校、开建工厂，昔日目不识丁、屡遭压迫的农民，转身成为识文断字、自食其力的技术工人。慕伏尔泰之名前来的客人熙来攘往，菲尔内一时成为“欧洲的旅店”。如今，漫步

在菲尔内 – 伏尔泰小镇上，随处可见以伏尔泰的名字命名的商店、酒吧、咖啡馆。晚霞渲染着小镇的静谧，营造出朦胧的诗意。若是趁着夕阳的余晖在咖啡馆中寻得一处座位，抬眼望向窗外，仿佛仍能看到伏尔泰拄着拐杖在小镇上散步的身影。他步履蹒跚而坚定，不时跟路人热烈交谈，用坚毅的目光和伟大的思想，鼓舞着人们，也改变了菲尔内的风貌。

诚如彼得·盖伊所言："伏尔泰在哪里，哪里就是巴黎。"[①]从1758年到1778年，身居菲尔内的伏尔泰没有放任自己垂垂老去，而是凭借坚忍的意志，耗费巨大的精力自觉扛起启蒙运动的大旗，走在时代的前列。坐在菲尔内古堡的书桌前，伏尔泰在给朋友信件的结尾处奋力挥笔道："不管您干什么，都去铲除卑鄙吧！去爱爱您的人吧！"让伏尔泰愤懑不已的"卑鄙"，就是王权专制统治下的政治暴政和封建宗教意识形态的暴戾和迫害。"铲除卑鄙！"这句伏尔泰在启蒙运动中大声疾呼的响亮口号，是召集志同道合者的呐喊，也是伏尔泰的信念和性格的写照。在"铲除卑鄙"的信念鼓舞下，伏尔泰奋笔疾书，他著作中最重要的部分，如文学作品《老实人》《天真汉》，历史著作《风俗论》《大彼得时代的俄国史》以及哲学著作《哲学辞典》等都在此时完成并出版。邮局每天为伏尔泰送来四面八方的信件，而从菲尔内古堡传播到全欧洲的小册子、短文、小说、诗歌、书信，亦如雨点一般。尽管它们遭到阻挠、查禁、扣留、驳斥乃至痛骂，却仍然风行，汇聚成一股洪流，令人精神振奋、耳目一新。即便身处边陲之地的古堡中，伏尔泰也能让菲尔内成为整个欧洲舆论的中心。

我们该如何评价伏尔泰？是盛行的"法兰西思想之父""欧洲的良心""法兰西最优秀的诗人"，还是"法兰西启蒙运动三剑侠"之一？也许，任何的称号都无法将他涵盖。学者陈乐民对伏尔泰有一段极为精到的

① 盖伊．启蒙时代（下）[M]．刘北成，译．上海：上海人民出版社，2015：64.

评价："伏尔泰，文中有史，史中寓哲；或讽或喻，嬉笑怒骂；辛辣者有之，玩笑者有之，独独没有道貌岸然、正襟危坐的'假道学'模样。'风格即人'。伏尔泰不专属于哪一'家'，而是一个思想尖锐、爱憎分明的'大杂家'。"伏尔泰相对于其他冷若冰霜、拒人于千里之外的哲学家而言，自然率真，和善可亲，他张开双臂，迎接着人们的靠近。他是一首轻快、活泼、热烈的圆舞曲，但这轻松愉悦又绝非享乐和放荡，而是自觉承担起了启蒙人生、变革社会的重担。伏尔泰和他的世纪离我们远去了，菲尔内－伏尔泰小镇和伏尔泰的古堡还飘荡着历史的回声，无论时光如何淘洗，只要推开古堡的大门，伏尔泰的气息便会扑面而来。

天生文人

1694 年 11 月 21 日，弗朗索瓦－马利·阿鲁埃作为家族中的第五个孩子出生了。也许由于父母此时年事已高，小阿鲁埃生来便体质孱弱，助产士称这孩子活不过 24 个小时。父母没有想到，这个差点夭折的孩子，日后会聪颖过人，成就显赫；更不会想到，他居然能活到 84 岁的高龄，见证 3 位君王的统治。3 岁时，小阿鲁埃便可以毫不费力地背诵文学名著；12 岁时已经能够创作悲剧及诗歌；到了高中更是掌握了拉丁文、希腊文。1717 年，当他以悲剧《俄狄浦斯王》轰动剧坛时，年仅 23 岁，"伏尔泰"这个笔名正是诞生于此时。此后，"伏尔泰"这个名字影响了整个世界。

伏尔泰雕塑

有趣的是，《俄狄浦斯王》是伏尔泰在狱中完成的。由于作诗讽刺摄政王统治的荒淫无度，他被投入巴士底狱囚禁了11个月。身陷囹圄的压力并没有令他收笔，反而激发了他的文学才华。在狱中，他先后写下了史诗《亨利亚特》、讽刺诗《巴士底狱》以及让他名震巴黎的戏剧《俄狄浦斯王》。1718年11月18日，《俄狄浦斯王》终于在巴黎法兰西喜剧院上演。早已读过剧本的人们怀着好奇与期待来到剧院，深深被其舞台呈现所折服，连续45场的演出座无虚席，前来观看的民众达2.7万人，连曾经将他投入监狱的摄政王也忍不住要来一探究竟。这部与古希腊悲剧作家索福克勒斯作品同名的戏剧，在伏尔泰灵巧的笔下被寄予了深刻的批判内涵。借用遭到神灵愚弄而犯下“弑父娶母”罪行的英雄俄狄浦斯之口，伏尔泰发出了向命运抗争的呐喊：残酷的神！是你们带给我罪孽，却又要将我处死！这既是俄狄浦斯对神灵的控诉，也是伏尔泰对自由的向往和追求。这个初出茅庐的年轻人，将手中的笔作为武器，想要唤起民众追求解放的渴望，想要撼动封建专制王权和教权腐朽的大厦。

伏尔泰的文人生涯就此开始。事实上，伏尔泰对自己的文学才华以及要走的道路有着清醒的认知。走出校门时父亲叫他选择一种职业，他答道：“除开文人以外，什么职业我都不要。”① 如此的笃定和决绝，说他是天生的作家亦不为过。虽然伏尔泰以启蒙运动领袖的身份为世人所熟知，但到今天依然深受世界范围内读者喜爱的还是他的文学作品，尤其是他寄予着深刻意蕴的哲理小说《老实人》。所谓“哲理”，是指小说不仅带给读者丰富的启迪，还教导读者如何通过自身的理性思考净化精神，进而付诸行动。从小说中获得诸如怜悯、恐惧等情感激荡是容易的，但将理性作为行动的指南却很困难。伏尔泰告诉读者，人生从来都是艰难的，以后也永远如此，但人所要承受的苦难并非是

---

① 傅雷．傅译传记五种（三联纪念版）[M]．北京：生活·读书·新知三联书店，2010：536.

由于上帝的冷酷无情，而是因为人自身的局限，因此祈祷、朝圣、求助于上天都无济于事。通过激烈地抨击、奚落教会及教士，辛辣地揭露统治者的残忍剥削，伏尔泰提醒人们：只有根除迷信，专注于现实生活，驾驭苦难，才能改变人生。就像《老实人》最后那句结语所言：让我们来耕耘我们自己的花园吧。只有如此，即使是身处茫茫大海上的一叶孤舟，也能纵声歌唱；即使被抛入荒无人迹的沙漠，也能让所至之处绽放花朵。伏尔泰的哲学观在此体现得淋漓尽致：现实主义的道德思考才是最重要的。面对命运的跌宕起伏，既不能盲目乐观，也不能消极悲观，及早发现什么是我们的能力所及，什么超出了我们能力的范围，才能有效地付诸行动。乐观的哲学家们认为人类已进入理性的时代，理性之光能够照亮一切，但伏尔泰显然更加清醒，他看到了理性的边界和局限，提醒读者不要忘记面对现实生活中具体的冲突和困境，这种理性务实的精神在今天看来无疑也是发人深省的。

以文学作品作为起点，少年得志的伏尔泰一生都不曾放下手中的笔。他自如地游走在文、史、哲各个领域之间，创作了近60部剧本，开创了哲理小说这一全新的体裁，编写的历史著作《路易十四时代》《风

伏尔泰故居（法国菲尔内－伏尔泰小镇）

俗论》和哲学著作《哲学通信》《哲学辞典》等影响深远，还留下了数不清的信札，作品全集多达 97 卷。他最擅长以巧妙的笔法、简明的言语来表达深邃的思想，并且行文诙谐幽默，处处蕴含着睿智的光芒，其皇皇巨著读来也丝毫不觉枯燥生涩。也是因为伏尔泰，法语才成为 18 世纪风靡欧洲的语言。为了保护自己不受倾轧，伏尔泰尽量匿名出版作品，但他独特且自成一格的文风使人们一眼便可看出来自谁的笔端。一直到去世前，伏尔泰都笔耕不辍，他 80 岁时创作的悲剧，使用的笔名甚至是“刚刚从修辞班毕业的学生”。伏尔泰传记作家勒内 · 波莫感慨道 ：“在走过 50 多年的创作历程之后，他依然保持着创作第一部悲剧作品时的创作激情，他最后的那些作品仍然能够让人感受到中学生的那种朝气蓬勃的青春气息。”[①] 到生命的最后一刻为止，伏尔泰都践行着他的人生信条——“永远嬉笑怒骂地走向真理之路”。

流亡英伦

1728 年是伏尔泰旅居英国的第三年，在法国国王路易十五的默认下，伏尔泰终于被允许回到巴黎。3 年前，他因为与贵族子弟罗安骑士发生口角，不但惨遭毒打，还再次被投入巴士底狱，而且出狱后又被王室政府以荒唐的理由流放。伏尔泰生活的时代，法国社会的等级制度还极为森严，国王、贵族、教士凌驾于第三等级即资产阶级与平民百姓之上，享有种种特权。与罗安骑士的矛盾冲突令伏尔泰切身体会到封建专制的蛮横无理，对此他更加深恶痛绝。其实，为了自我保护乃至更进一步扩大影响力，伏尔泰并非不希求王室的掌声和庇佑，他写诗称颂过摄政王及王后玛丽，将作品题献给君主并得到了赏赐和报酬。但是，正如伏尔泰的传记作家勒内 · 波莫所说 ：“罗安骑士打在他身上的棍棒把他

---

① 波莫 . 伏尔泰（永恒的作家）[M]. 孙桂荣，逸风，译 . 上海：上海人民出版社，2010：20-21.

驱赶到正确的道路上，让他意识到，他在枫丹白露对王室的卑躬屈膝完全是在浪费光阴。”①

塞翁失马，焉知非福。流亡英国的经历成为伏尔泰人生中至关重要的转折点。若是没有旅居英国的所见所闻，也就没有伏尔泰为启蒙运动贡献的种种进步思想。牛顿等人的科学理论、英国先进的资产阶级代议制政体、洛克的唯物主义经验论哲学、自然神论、莎士比亚等文学家的剧作乃至自由平等的社会气氛，无论是思想上还是生活上，都给了他难忘的经历，甚至改变了他的信仰。他的首部哲学、政治学专著——《哲学通信》由此酝酿、写作而成。

《哲学通信》是伏尔泰拥护政治、经济和思想之自由以及宗教宽容的宣言，包含了启蒙精神的核心纲领。它延续了伏尔泰一贯的写作风格，整部作品基调生动、明达务实。伏尔泰激情满怀、迫不及待地向国人介绍他在英国这个新生世界的所见所闻，试图在法兰西民族的性格中注入英格兰式的活力。但伏尔泰并非对英国盲目吹捧，他深知任何文化都有其优缺点，重要的是要以尊重、坦诚的态度互相学习，取长补短。而18世纪的英国恰恰提供了法国最需要却也最匮乏的内容：个人的自由权利和宗教宽容。

《哲学通信》

与路易十五专权的法国不同，英国率先完成资产阶级革命，建立起了较为平等的君主立宪制度。这恰好符合伏尔泰的政治设想。相对于主张激进的民主共和制的卢梭而

① 波莫．伏尔泰（永恒的作家）[M]．孙桂荣，逸风，译．上海：上海人民出版社，2010：21.

言，伏尔泰的政治思想趋于保守。在伏尔泰看来，与君主制相比，共和政体虽然可以避免君主专断和暴政，但也可能会因缺少对平民的约束力而造成骚乱。因此，尽管他反对“朕即国家”的君主专制统治，却并不希望推翻君主制，而是盼望能出现一个公正、温和、开明的君主革除时弊，并逐步过渡到君主立宪制，就像英国的政体——君主、议会与民众的权力相互制约并达到平衡，从而确保了自由的空间。正如俄国哲学家赫尔岑所言，作为18世纪资产阶级出身的思想家，伏尔泰的确是一个“旧时代的贵族”，但考虑到其生活的时代背景和社会环境，伏尔泰的政治主张亦有其合理之处。应该看到，伏尔泰对个人财产不受侵犯的主张、对个人权利和自由的推崇、对专制王权和教权的鞭挞等为等级严苛的法国带来了新时代的第一缕曙光。更重要的是，伏尔泰在英法两国之间搭建的精神桥梁是启蒙思想在欧洲大陆畅通无阻的根本保证。在伏尔泰之前，英国人牛顿和洛克的名字在法国无人知晓。凭借着旅居英国的经历，伏尔泰不仅补充了自身所缺乏的哲学、科学知识，而且作为法国唯物主义的先驱，率先起来反对统治着法兰西的17世纪的形而上学体系，号召人们研究真实的物质世界。在伏尔泰看来，培根、牛顿和洛克是启蒙运动的伟大导师，他们的经验主义哲学无疑增加了人类关于世界的知识，推进了人类对现实生活的认知。与这样有益的思考相比，形而上学只是有害的推测。他说：“归根到底，谁研究过洛克，或者更确切地说，谁深刻地体验到他的学说的体系，谁就应该把所有柏拉图主义者看作优雅的饶舌者，而且只能是这样。”[①]在《哲学通信》的第十二封信中，伏尔泰将牛顿视为比凯撒、亚历山大大帝、成吉思汗等历史上著名的君主更伟大的人。他说：“我们应当尊敬的是凭真理的力量统治人心的人，而不是依靠暴力来奴役人的人；是认识宇宙的人，而不是歪曲宇宙的人。”[②]伏尔泰要让大家意识到，在君王和教皇之上，还有至高无上的理性和无

---

① 阿尔塔莫诺夫．伏尔泰传[M]．张锦霞，苏楠，译．北京：商务印书馆，1987：46-47.

② 伏尔泰．哲学通信[M]．高达观，等译．上海：上海人民出版社，1986：6.

与伦比的科学。真理高于宗教，理性高于王权，公民的自由高于一切。此时的伏尔泰，已经自觉扛起了启蒙主义的大旗，并为此奋斗终生。

人生抉择

1734年6月10日，最高法院的一纸判决斥责《哲学通信》鼓吹信仰自由，违背宗教，有伤风化，对社会秩序会造成极大危害。在王宫的大台阶下，《哲学通信》被焚毁。国王下令逮捕伏尔泰，他该往何处去？一双温柔的手接纳了他——这就是夏特莱侯爵夫人。

作为伏尔泰一生中最重要的人，夏特莱夫人的才华与伏尔泰相比毫不逊色。从夏特莱夫人留存后世的肖像画中，我们可以看到她手执圆规、支颐沉思的样貌。她15岁时就能翻译古罗马诗人维吉尔的作品，她是第一个，也是唯一一个将牛顿《自然哲学之数学原理》从拉丁文译成法文的人。若没有她，伏尔泰恐怕很难写出《牛顿哲学原理》来向法国社会普及牛顿的思想。她是18世纪学术界一颗稀有而珍贵的明珠，在数学、物理学、哲学等素来由男性所主导的领域，她的造诣都十分深厚。从夏特莱夫人身上，伏尔泰看到了同时领会牛顿和维吉尔，并且弥合科学与文化艺术之间的裂痕的可能性及必要性。二人初次见面即互相吸引、堕入爱河。夏特莱夫人逝世后，伏尔泰发出了“失去了灵魂中另一个自己”的感慨，彼此精神上的契合为他们各自的人生写下了浓墨重彩的一笔。伏尔泰在夏特莱夫人位于西雷的古堡中隐居长达15年之久，二人琴瑟和鸣，无论是学术还是爱情，这段时光都是锦瑟华年，在文学、历史、哲学、科学等领域，伏尔泰都结出了丰硕的果实。其间，

夏特莱夫人

故居雕塑

伏尔泰与法国当局的关系也得以缓和。1743 年，伏尔泰当选为英国皇家学会会员；1746 年又当选为法兰西学院院士。随着伏尔泰声誉的进一步扩大，整个欧洲社会都听到了他的声音。

1749 年，夏特莱夫人因难产去世，对伏尔泰而言，他已没有留在西雷的理由。1750 年，应普鲁士国王腓特烈二世之邀，伏尔泰前往普鲁士。腓特烈二世是伏尔泰的老朋友，此前他曾多次与伏尔泰通信，表达了自己对伏尔泰的崇拜景仰之情，以及迫切需要伏尔泰来辅佐自己成为“开明君主”的愿望。事实上，随着伏尔泰的声名与威望与日俱增，欧洲大陆的君主都以与伏尔泰结交为荣，不仅是普鲁士国王腓特烈二世，英国国王、瑞典国王，以及大名鼎鼎的俄国女皇叶卡捷琳娜二世都与伏尔泰互通信件，并承诺给予他丰厚的俸禄和赏赐。而伏尔泰自身也绝非甘于穷困之人，他过人的才智使他经营商业也如鱼得水。与王室贵族的交往、阔绰优裕的生活亦使伏尔泰遭到了许多人的非议，人们认为他的行为有损文人的尊严。其实，当伏尔泰还是个初出茅庐的年轻人时，他的父亲得知他要从事文学创作，就告诉他：“文学，是那些对社会无用、连累亲戚还最后饿死的人从事的职业。”伏尔泰违背父亲的意愿，选择以文学作为终身道路，并发誓自己绝不会重蹈穷苦文人的覆辙，决心要改变文人阶层在大众心目中的形象。因此，他不得不辛苦打拼，依靠自己来站稳脚跟。伏尔泰的研究专家勒内·波莫说，许多人指责伏尔泰逢迎权贵，这的确是事实，但是在 18 世纪，剧作家若想让自己的作品能够上演，必须要获得宫廷的赏识；在启蒙运动的发展过程中，以君王为靠山是出于斗争策略的考虑，关键时刻的确需要君王们的支持。在《哲学辞典》中，伏尔泰把文人比作飞鱼："稍微飞高一点，会被飞鸟吞食；潜入水下，会被游鱼吃掉。"的确，作为处在君王与民众之间的中间阶层，文人为了寻求自保不得不寻找到一个平衡点，迫不得已的口是心非也是为了更好地讲真话。美国学者彼得·盖伊说，伏尔泰追求的是作家最需要的东西——自由。从某种意义上说，他为维护作家的职业尊严而不惜牺牲个人荣誉，因为让法国作家摆脱束缚，至少能够在一定程度上开诚布公地讨论政治和宗教问题的，正是伏尔泰而不是这个世纪的其他文人。

如果说，伏尔泰前往普鲁士时，还抱着相信普鲁士能够在腓特烈二世的领导下奉行开明的君主制的幻想，那么现实很快就给了伏尔泰当头一棒。这位君主穷兵黩武的本性很快暴露了出来。随着二人的矛盾持续激化，3 年后，伏尔泰便离开普鲁士回到法国。但是，回到巴黎也并不如意，路易十五的敌意令他难以栖身。最后，他选中了日内瓦郊外莱芒湖畔，决定将这里当成他的"乐园"。

18 世纪的日内瓦共和国还未加入瑞士联邦，它三面与法国接壤，罗纳河从城中穿过，将城市一分为二。漫步在日内瓦城中，抬头望去便是阿尔卑斯山上的积雪，莱芒湖波光粼粼清澈见底。秀丽的湖光山色、颇为自由的气氛使得此处接纳了众多文化名人。伏尔泰的"乐园"别墅位于莱芒湖边的高地上，视野开阔，风景极佳。在它对岸不远处，日内瓦古当斯大街 40 号，是幼年卢梭的生活之处。路易十六曾在狱中感慨，是伏尔泰和卢梭毁了他的波旁王朝。同样为法国大革命提供了重要思想武器的卢梭，与伏尔泰的人生轨迹不断相交，他们不仅死于同一年，被法国民众请入先贤祠后，棺木也彼此相邻。但二人生前却相处得极不愉快，甚至互相仇视、攻击。卢梭举世闻名的著作《忏悔录》，正是与伏尔泰的对战促成的。迥然相异的出身、不同的政治观点和学术倾向，经常使这两个启蒙时代的思想巨匠针锋相对。与日内瓦的穷小子卢梭不同，伏尔泰的雄厚财力使他可以毫不费力地购置房产。为了保证安全，他效法“狡兔三窟”，给自己设置了多个藏身之地：“我左脚踏在于拉峰上，右脚踏在阿尔卑斯山巅，阵地的前面是日内瓦湖。一座美丽的宫堡在法国边境，一所隐居的精舍在日内瓦，一个舒适的住宅在洛桑；从这一窟到那一窟，我终可幸免君王及其军队的搜索了吧！”[①]然而，在“乐园”的日子维持不过 3 年的时间，伏尔泰就与法国和日内瓦当局发生冲突。以戏剧步入文坛的伏尔泰，深知戏剧对人的教育和改造意义，因此他不仅在家中排演戏剧，还以其名望号召日内瓦民众欣赏戏剧，并建议当局开设日内瓦第一所剧院。由于日内瓦居民大部分信奉加尔文教，其教义明令禁止上演戏剧，伏尔泰的行为引起了宗教人士的极大恐慌。此时正值《百科全书》第七卷问世。《百科全书》由狄德罗、达朗贝尔联袂编纂，试图对 18 世纪中叶前欧洲社会的全部哲学、自然科学成果进行总结。成书过程中，他们也遭遇了法国当局和教会的种种阻挠、迫害。伏尔泰十分关心、鼓励《百科全书》的出版，且尽其所能地给予支持。当启蒙主义者们的代表作《百科全书》因资金问题捉襟见肘时，是伏尔泰慷慨解囊给予帮助。在伏尔泰的授意下，达朗贝尔在编选“日内瓦”这一条目时，呼吁日内瓦教会取消戏剧的禁令。这在日内瓦引起轩然大波，并且掀起了反对百科全书派的狂潮。同样身为百科全书派的一员，卢梭却作为“日内瓦公民”而表现得极其愤慨，在致达朗贝尔的信中，卢梭严厉地指责达朗贝尔试图以戏剧“污染”他的家乡和民众。不仅卢梭与百科全书派的关系彻底宣告破裂，达朗贝尔也因不堪忍受对手的攻击、诽谤退出了《百科全书》的工作。在《百科全书》岌岌可危之际，伏尔泰挺身而出，竭力维护这项在他看来极具价值的神圣工作。他不仅亲自与

---

① 傅雷．傅译传记五种（三联纪念版）[M]．北京：生活·读书·新知三联书店，2016：588.

污蔑《百科全书》的敌人论战，还动员《百科全书》的资助者向政府施压，取消对《百科全书》的禁令，而他自己也在夜以继日地进行《百科全书》的撰写。但是，日内瓦已经没有他的容身之处了，只剩下菲尔内可以确保他安然无恙。

欧洲良心

建筑不仅仅是砖石的堆积，它更承载着历史的重量，凝聚着珍贵的记忆，诉说着过往的辉煌，伟人们的故居更是如此。菲尔内古堡书房中的书桌似乎还在倾诉着伏尔泰无数次的凝思，紧邻客厅的沙龙令人想起当年人们高谈阔论的喧哗热烈，而那幅伏尔泰最为满意的油画——《伏尔泰胜利的寓言》悬挂在壁，见证着伏尔泰光辉灿烂的一生。

在画面中，除了我们所熟知的伏尔泰、夏特莱夫人，以及腓特烈二世、叶卡捷琳娜女皇等几位与伏尔泰联系密切的帝王之外，还有一些面孔陌生的人正向伏尔泰道恩。他们是谁？如果翻开《论宽容》，映入眼帘的是几个大字：为让·卡拉身故而作。谁又是让·卡拉？其实，在油画中向伏尔泰表达感激之情的正是让·卡拉和同样受到宗教迫害、伏尔泰帮助其重新恢复名誉的拉·巴尔一家。让·卡拉是一个普普通通的信仰新教的百姓，由于他那想要皈依天主教的长子在家中因债务纠纷自杀身亡，他便被天主教会指控谋杀其子。无论无罪的证据多么确凿，老卡拉还是被法院残忍地处以死刑。天主教会这般对新教徒进行迫害的例子数不胜数。面对教会和法院草菅人命、戕害人权的暴行，伏尔泰怒不可遏，挺身而出伸张正义，为蒙冤者呼号奔走，愤怒地鞭挞教会和法院的罪恶。《论宽容》一书正是诞生于此时。他不仅专门雇用法律顾问，精心准备向法院上诉的材料，而且竭尽全力搜集卡拉事件的资料结集出版，让大众了解这一冤案，以争取舆论支持。他甚至鼓动其他有社会影响力的人向国务大臣写信，要求重审案件，并且慷慨解囊，在菲尔内庄园收留了不幸的卡拉一家，不久又收留了同样

藤萝缠绕的大门

遭到教会迫害、被判处死刑的新教徒西尔旺一家。60 岁的伏尔泰为卡拉的平反锲而不舍地奔走 3 年，为西尔旺申冤竟用了 7 年时间。在伏尔泰的宣传下，卡拉一案备受瞩目，成千上万的人，包括腓特烈大帝、叶卡捷琳娜二世、蓬巴杜夫人连同英格兰国王都为帮助卡拉一案而捐款。政府对这场风暴终于不再坐视不管。1766 年春天，巴黎法院重新审理了卡拉一案，撤销了当年的判决，宣布卡拉无罪。长达 10 年之久的顽强抗争最终唤起了人民群众的义愤和革命意识，动员起欧洲的进步舆论，使公众接受了宗教宽容、信仰自由的原则。在伏尔泰去世后不久的法国大革命中，《人权宣言》的发表标志着法国最终废除了排斥、迫害新教徒的法律。

晚年的伏尔泰将他的全部精力放在平反冤狱、主持公正、保护那些无辜蒙冤的人身上。人们深情地将伏尔泰称为“欧洲的良心”。其实，直到伏尔泰去世时，拉·巴尔一案的冤情还未能昭雪。但是，伏尔泰不屈不挠的艰苦斗争，已经让天主教会和法院的黑暗暴露无遗。当人们在伏尔泰的帮助下，终于摆脱迷信、学会运用自己的理性来对待宗教时，宗教狂热和宗教迫害的罪恶再也遮掩不住了。

与宗教暴政之间毫不妥协的斗争贯穿了伏尔泰的整个人生。伏尔泰在菲尔内修建自己的居所时，为了拓宽道路曾将位于古堡前的教堂拆除，后来在天主教人士的抗议声中，他不得不重新修建教堂，并颇具讽刺意味地在教堂正面题上“伏尔泰为上帝而建”。伏尔泰不是一个无神论者，也并非不承认上帝的存在。早年从英国归来后，在牛顿、洛克等人的影响下，他开始信奉自然神论。自然神论主张上帝用理性创造世界，创造后的世界按照自然的法则运转，上帝并不干涉。在这种信仰的驱使下，他得以从理性的角度看待宗教，并倡导宗教宽容。天赋人权，无论是谁都有独立思考的权利，也都有选择自己信仰的自由。伏尔泰相信，宗教的建立是为了使人们行善，但各种宗教间的互相倾轧以及无辜民众受到的牵连令他思考：如果人们因为自己的信仰抨击甚至迫害其他的信仰，那么宗教的意义何在？宗教是宽容的，不宽容的是人！要清除人们的偏狭之见，尤其是宗教愚昧，就要借助理性和哲学家的智慧。1764 年，伏尔泰匿名出版《哲学辞典》。作为《百科全书》哲学条目的汇编，《哲学辞典》耗费了伏尔泰 10 年的心血。在这本书中，伏尔泰强烈地反对基督教尤其是天主教狂热的愚昧迷信，强调只有理性才能给人类的未来带来光明。在此前出版的《风俗论》一书中，从希腊的偶像崇拜、犹太人的先知、中国人的信仰、印度的宗教、阿拉伯人的伊斯兰教、罗马教会到风靡欧洲各国的基督教，伏尔泰都进行了详细的描写和论述。通过考察世界各国的宗教信仰，伏尔泰得出一个重要结论：健全、理性的宗教对社会发展而言具有积极意义，野蛮的迷信则是人类文明发展的巨大障碍。英国哲学家以赛亚·柏林说：“他是十八世纪中最受赞扬也是最令人畏惧的作家，通过令人难忘的和击中要害的冷嘲热讽，他对瓦解既成秩序的基础所做的贡献超过了其他的反抗者。”[1] 的确，就像伏尔泰自己所言：“许多人说

① 柏林．启蒙的时代：十八世纪哲学家[M]．孙尚扬，杨深，译．上海：译林出版社，2012：93.

基督教义是十二个门徒建立起来的，这种论调我早已听厌，我真想证明给他们看，要破坏它时，一个人便已足够。”① 以一己之力，伏尔泰撼动了整个欧洲腐朽的秩序。

照亮历史

诗人和剧作家的身份奠定了伏尔泰文坛领袖的地位，人道主义者和政论作家增进了他对丑恶现实的批判力度，而对历史的思考和研究则彰显了他为启蒙运动摇旗呐喊的责任感和使命感。历史学以求真为己任，在伏尔泰看来，这种“真”是可以给人们带来教诲的真理，因此历史著作需要哲人而非基督徒来书写。但是，对于基督教学者编撰的历史资料，他也能辩证地加以吸收利用。在阅读了广泛的材料、耗费了大量的心血后，伏尔泰完成了诸多历史学领域的皇皇巨著，如记载本国历史的《路易十四时代》、描述瑞典历史的《查理十二史》、考察俄国历史的《彼得大帝统治的俄国史》以及《世界史论》等。他不蹈常袭故，一反以往为帝王将相的政治军事功绩修史的写法，将人类社会生活的各个方面，如工商农业、科学技术、文学艺术、风俗民情、日常饮食起居等都纳入历史编纂的范围，而且注重把握人类精神的总体性和思想的进步性，从而开启了撰写世界文化史的先河。

作为欧洲理性主义史学的创始人，伏尔泰坚信推动历史进步的动力就是理性。他对历史的研究表明，人类的文明史就是理性战胜迷信的历史，因此他对理性持乐观积极的态度。与其他西方思想家对东方的无知乃至蔑视不同，伏尔泰重视东方文化。他把那些被当时的历史学家所忽略的国家和地区——印度、阿拉伯和中国均列入了世界历史的进程，对中国文化尤其情有独钟。甚至在元杂剧《赵氏孤儿》的启

① 傅雷．傅译传记五种（三联纪念版）[M]．北京：生活·读书·新知三联书店，2016：594-595.

发下，伏尔泰还创作了戏剧《中国孤儿》，来表达他对儒家思想中仁义精神的理解。在伏尔泰眼中，中国地大物博，历史悠久。在以孔子为代表的儒家思想的教导下，人民守法重礼，宽容忍让。不同于欧洲的神权政治，中国奉行孔子的律法，民风庄重，与欧洲不容异己的宗教狂热形成了鲜明的对比。借助中国文化，伏尔泰进一步批判了法国的政治制度和教会制度。可想而知，伏尔泰以中国文化作为鞭挞西方社会的武器，服务于自己的政治诉求，他对中国的理解和认识不免具有片面性和局限性。但无论伏尔泰对中国的认识是否客观全面，对异域文明的重视和尊重都体现了他历史视野的广阔宏大。伏尔泰的历史学功绩，首先就在于他加深和扩大了当时人们对于世界历史的观念。传统的西方史学家对世界史的书写实则就是欧洲中心史，甚至仅仅是圣经所涉及的区域，不敢跨越雷池半步。伏尔泰的《论风俗》打破了欧洲中心论，是“第一本从世界历史观点来写的世界史”。研究历史，也就意味着在时间中旅行，通过回顾人类文明发展的进程以及跨文化对话，伏尔泰为当时的人们提供了一个全新的视角——从远方异国的角度来考察他们习以为常的体制，探索社会弊病的根源，并且试图发掘

故居侧景

出比基督教更优越的文化来开辟一条通向更理性、更文明的道路。

在《路易十四时代》一书的开篇，伏尔泰开门见山地说：本书并非为路易十四个人立传，而是力图为后人描绘一个时代里人们的精神风貌。作为启蒙运动的精神领袖和伟大导师，伏尔泰在其历史著述中冲破了只为一国写史的框架，努力描绘出世界各个国家和民族的历史景观。无论是历史事件还是人物，伏尔泰都倾注了巨大的精力和丰沛的情感，描写细致入微。他以文学家的笔法使得枯燥无味的历史妙趣横生，引人入胜。

伏尔泰的微笑

1778年5月30日，伏尔泰在巴黎逝世。在伏尔泰去世的前一年，他终于得以结束多年的流亡生涯，重返巴黎。乌东的雕像记录下了这颗巨星陨落前最后放射出的光芒。他明显地衰老了，就像他自嘲的那样，在满脸的皱纹中，五官甚至都不能被清晰地辨认了。但是，他的眼睛依旧神采奕奕，目光中闪现着洞察一切的锐利锋芒，他为雕塑家留下的最后一个表情是微笑——历经风霜淘洗后的微笑。不管是巴黎先贤祠中的伏尔泰雕像，还是卢浮宫外拿破仑广场上的伏尔泰雕像，抑或是在他生活过的菲尔内小镇广场上、表现他散步时姿态的塑像，还有乌东那更为著名的伏尔泰的大理石坐像，它们都仔细地记录下了伏尔泰的微笑。仔细翻看伏尔泰留存于世的照片，无论是风华正茂还是年逾古稀，最令人注目的便是他挂在嘴角的微笑。正如雨果所说：微笑，就是伏尔泰。

微笑的含义是多重的，它可以意味着亲切、温暖，也可以暗藏着讥讽和嘲弄。伏尔泰的微笑也是如此。面对敌人，他竭尽挖苦讽刺之能事；面对友人和百姓，他又是那么真诚、热情、善良。他针砭时弊，尖锐的笔锋像利剑一般深深刺入对手的心脏，国王路易十五对他恨之入骨；他又侠肝义胆，为遭受宗教迫害的平民百姓大声疾呼、四处奔

故居喷泉

走，深受民众爱戴和景仰。从“宫廷史官”“国王内宫侍从”“法兰西学院院士”的荣誉，到巴士底狱的监禁，伏尔泰在波澜壮阔的一生中饱尝酸甜苦辣，他没有被这些经历所击垮，反而化作微笑，镌刻进他坚毅的面庞，闪耀着智慧的光芒，给予后世追求真理的人们无限的力量。伏尔泰爱笑，但在他的微笑下，我们不难窥见他对人类如何把握自身命运这一终极问题的思考以及对复杂世界中人性左右摇摆的挣扎。《法国大革命年鉴》这样评价伏尔泰：“他的笑声中有一种革命性。在教堂或者王宫里，人们是不能笑的，至少不能开怀大笑。农奴在主人面前连微笑的权利都没有。只有平等的人之间才可以笑。伏尔泰的笑声远比卢梭的哭声破坏性更大。”①

“伏尔泰不仅是一个人，他是一个世纪。”这是伏尔泰逝世一百年后，雨果在其纪念会上发表演说时的著名评语。在 18 世纪的诸多哲学家中，伏尔泰绝不是最具哲学家特质的那一个，因为他甚至没有自成一

① 邓玉函．大家精要·伏尔泰 [M]. 昆明：云南教育出版社，2011：2.

家的学说体系。但是，他却是影响力最大的一个，他的同时代人杜维纳论及他时写道："任何一个国王都不能以类似的威力来驾驭社会舆论。"①在很多人看来，伏尔泰对启蒙运动的贡献，就像马丁·路德之于宗教革命，达·芬奇之于文艺复兴。其实，意大利有文艺复兴，德国有宗教改革，对18世纪的法国来说，除了启蒙运动，伏尔泰就是文艺复兴，是宗教改革，并且还是半个法国大革命。伏尔泰思想的基础是人之理性，无论是注重实际生活中的经验和道德，还是注重文明的历史观念，或者批判不平等、追求进取的人生态度，都彰显了这一点。他深知，只有靠哲学、靠理性来为人类启蒙，才能让人们睁开被几个世纪以来的蒙昧和错误蒙蔽的双眼。他将哲学作为一种爱好普及到民众的心间，试图激发人们对理性和真理的热爱，让人们憎恨迷信、愚顽和成见。同样，在那个宗教纷争不断的时代，他关心宗教分歧、宗教迷信造成的流血与冲突，反对天主教会的黑暗统治。在科学萌发的时代，作为一位文学家、哲学家、政论家乃至政治活动家，伏尔泰亦以极大的热情和爱好研究科学知识，宣传、普及科学观念。他的声音得到人民群众最广泛的共鸣，他用自己不可动摇的威信巩固了启蒙运动的每一个成就。

传记作家莫鲁阿说，伏尔泰是18世纪一幅最完美的图像。18世纪是欧洲的时代，更是法国的时代。中产阶级登上历史舞台，博学与轻佻、科学与浮华并行不悖，古典已经染上浪漫的色彩。作为启蒙运动的守护者，这些特点在伏尔泰身上体现得淋漓尽致。在巴黎，不同观念的争锋、冲突、辩论催生出一批启蒙精英，以伏尔泰为代表，这些启蒙主义者是知识分子、文人，是战士，但绝不是躲在象牙塔中的古板学者。在与世界甚至与盟友的讨论和争吵下，他们张开了启蒙运动的激进之翼。"在大地上有过宏伟嘹亮的声音的生命，决不会在静寂的坟墓中立即泯灭的。"②随着后现代主义的兴起，对同一性、宏大叙事的反叛

① 阿尔塔莫诺夫．伏尔泰传[M].张锦霞，苏楠，译．北京：商务印书馆，1987：21.

② 傅雷．傅译传记五种（三联纪念版）[M].北京：生活·读书·新知三联书店，2016：623.

和解构，启蒙时期的理性的光芒渐渐暗淡，甚至成为批判的对象。但是，离开理性，人类寸步难行。无论何时，人们都需要理性精神来认识世界、发现真理，甚至所谓“非理性”也要求理性的理解和阐释，因此，启蒙时代的理性精神绝不会过时。无论是伏尔泰，还是其他启蒙思想家，他们的理性之光永远闪耀在人类的精神世界中，释放出恒久的光芒和力量。

（撰稿：耿晨）

参考文献

阿尔塔莫诺夫．伏尔泰传[M]. 张锦霞，苏楠，译．北京：商务印书馆，1987.

柏林．启蒙的时代：十八世纪哲学家[M]. 孙尚扬，杨深，译．南京：译林出版社，2012.

波莫．伏尔泰（永恒的作家）[M]. 孙桂荣，逸风，译．上海：上海人民出版社，2010.

陈乐民．启蒙札记[M]. 北京：生活·读书·新知三联书店，2009.

邓玉函．大家精要·伏尔泰[M]. 昆明：云南教育出版社，2011.

伏尔泰．哲学通信[M]. 高达观，等译．上海：上海人民出版社，1986.

伏尔泰．哲学辞典[M]. 王燕生，译．北京：商务印书馆，1991.

伏尔泰．伏尔泰论文艺[M]. 丁世中，译．北京：人民文学出版社，1993.

伏尔泰．路易十四时代[M]. 吴模信，沈怀洁，等译．北京：商务印书馆，1996.

伏尔泰．老实人 [M]. 傅雷，译．上海：上海译文出版社，2017.

傅雷．傅译传记五种（三联纪念版）[M]. 北京：生活·读书·新知三联书店，2010.

盖伊．启蒙时代（下）[M]. 刘北成，译．上海：上海人民出版社，2015.

亚当·斯密

苏格兰首府爱丁堡是世界上第一座被联合国教科文组织授予“文学之都”称号的城市。这里是欧洲历史小说之父沃尔特·司各特、苏格兰民族诗人罗伯特·彭斯、福尔摩斯侦探小说的作者亚瑟·柯南·道尔以及哈利波特小说的作者 J.K. 罗琳的故乡，这里也走出了现代经济学之父——亚当·斯密。

在爱丁堡老城区，巍峨的爱丁堡城堡和圣十字架宫默默讲述着苏格兰厚重的历史。连接两座古堡的皇家英里大道，是爱丁堡老城的中心大道，大道两旁小巷交错，构成了这座苏格兰中心城市的骨架。皇家英里大道的路中央，亚当·斯密的雕像耸立在台基上，左腿稍稍前倾，头微微昂起，目光坚毅地眺望着远方；斯密的身后，是一架巨大的铁犁；在不远处，亚当·斯密的师长、密友——哲学家大卫·休姆的雕像静静矗立，两位朋友似乎还在进行着他们旷日持久的哲学对话。

亚当·斯密的故居位于教会门附近，由于年久失修，这座毫不起眼的三层小楼显得破旧不堪。1778 年，亚当·斯密出任苏格兰海关总监，便开始与寡母居住于此。据说亚当·斯密有三爱，依次为母亲、朋友和书籍。在这里，亚当·斯密度过了一段极为惬意的时光，或侍于慈母膝下，或与朋友谈笑风生，或徜徉在书籍与乐理的海洋。亚当·斯密一生最重要的两本著作《道德情操论》和《国富论》也都在爱丁堡孕育诞生。1746 年，刚刚结束牛津大学学业的亚当·斯密回到了自己的家乡爱丁堡，并在爱丁堡大学教授修辞学和法律。正是在这一阶段，他开始研究“同情心”和“财富的发展”，这些思想最终发展成了两本皇皇巨著。亚当·斯密雕像底座上镌刻的“哲学家和经济学家亚当·斯密”的字样，表彰着他为这座历史古城增添的智慧光芒。

求学生涯

1723 年 6 月 5 日，在与爱丁堡隔福斯湾遥遥相对的小港口柯克卡迪，亚当·斯密出生了。6 个月前，他的父亲，苏格兰的辩护律师、柯克卡迪地区的海关主计长，已离开了人世。亚当·斯密由其母亲独自抚养长大。在亚当·斯密的一生中，母亲始终扮演着重要的角色，甚至可以说是他生命的核心。亚当·斯密的母亲出身于一个富裕的军人世家，知书达理、教子有方。亚当·斯密的童年过得并不快乐，他不仅体弱多病，而且没有兄弟姐妹陪伴，只能与自己的母亲相依为命。终其一生，亚当·斯密未曾娶妻，母亲始终是他的庇护者，直至生命的最后时光。后来，亚当·斯密进入当时苏格兰最好的中学柯克卡迪伯格学校学习。在中学时期，亚当·斯密便以勤奋的态度、对阅读的热爱以及超乎常人的记忆力而闻名。14 岁时，亚当·斯密被推荐进入苏格兰著名学府格拉斯哥大学学习。

在格拉斯哥大学，亚当·斯密遇到了自己人生中最重要的导师之一弗兰西斯·哈奇森。在 18 世纪苏格兰启蒙运动中，哈奇森是重要奠基人之一，至今仍广受赞誉，被称为“苏格兰哲学之父”。在格拉斯哥大学求学期间，哈奇森对亚当·斯密产生了极为深刻和持久的影响，

亚当·斯密故居（英国苏格兰爱丁堡）

以至于在半个世纪后，亚当·斯密当选为格拉斯哥大学荣誉校长，回忆起自己的恩师时，依然动情地将他称为“永远不会被遗忘的哈奇森”。毫无疑问，亚当·斯密的思想受到了诸多学者的影响，他曾被视为休谟的门徒，也曾被视为魁奈的弟子，但在亚当·斯密的心中，只有哈奇森才是自己一生的导师。哈奇森是格拉斯哥大学第一位放弃使用拉丁语讲授课程并主动与学生交流的老师，这位风趣幽默、知识渊博而又思想激进的哲学家给青年亚当·斯密留下了深刻的印象。

更令亚当·斯密倾心不已的是哈奇森别开生面的授课方式。不同于当时古板的“老夫子”，哈奇森授课时不用讲义，授课内容汪洋恣肆。在学院和课堂中，哈奇森开创了一个全新的时代，这个时代以仁慈和善良为导向，他的思想只为“多数人的最大幸福”服务。他认为仁爱是人类行为的唯一直接动因，道德善良的标准是促进他人的幸福，他还特别强调作为人的第六感的“道德感官”的作用。这些思想可以在亚当·斯密的著作《道德情操论》中找到明显的痕迹。更为有趣的是，作为一名哲学家，哈奇森对财产学也颇有研究，他在法学的授课中曾系统讲述了价值、利息、货币等经济学知识。他否定了重商主义关于金钱的谬论，将劳动视为财富的唯一源泉和价值的真正衡量标准。在18世纪，能够清晰地把握这些经济学问题并意识到其重要性，是殊为不易的，这些思想和知识最终成为亚当·斯密关于价值和使用价值著名论断的滥觞。尽管在当时，亚当·斯密只是一名16岁的年轻人，但在导师极具启发性的指引下，他已经开始思考经济学的基本原理并小有成就。

哈奇森也发现了自己这名天才学生异于常人的禀赋，并曾给自己的好友，当时已经在哲学界崭露头角的哲学家休谟去信，介绍自己这名爱徒的研究成果。收到信后，休谟对亚当·斯密的研究成果极为欣赏，不仅帮助亚当·斯密发表文章，还将自己的作品《人性论》寄送给亚当·斯密。尽管两人的初次见面要等到10年后的1750年，但两人为期40年的深厚友谊已由此展开。休谟极富远见的洞察力、开阔的胸襟，在亚当·斯密光辉的一生中始终产生着重要的影响。休谟欣赏斯密的才华，斯密能理解休谟天马行空的思维，两人亦师亦友，互相鼓励。

在17世纪的殖民竞争中，苏格兰经济发展停滞，国内民众生活水平低下。面临发展困境的苏格兰政府选择解散议会，与英格兰合并。1707年5月1日，《1707年联合法案》获得通过，苏格兰与英格兰正式合并为单一王国——大不列颠王国。彼时的苏格兰国力薄弱，人口稀疏，发展相对滞后，与英格兰的合并，给苏格兰带来了前所未有的发展机遇。在之后的一段时间里，苏格兰奋起直追，走向腾飞。1740年6月，结束了在格拉斯哥大学的学习后，亚当·斯密前往牛津大学求学。尽管此时距离苏格兰与英格兰合并已过去了33年，苏格兰的经济有了很大发展，但与英格兰相比仍存在着不小的差距。尽管在苏格兰，亚当·斯密的家境称得上优渥，但富饶的英格兰依然对亚当·斯密产生了不小的冲击。然而，与牛津大学初识的喜悦和新奇很快被学校死板、保守的教学所冲淡。亚当·斯密最初的计划与当时多数学生的选择一致，学习神学并在毕业后成为一名神职人员，但学校的授课无法满足他对知识的渴望。他公然抨击授课讲师，认为“在牛津大学，多年以来，大部分的公共课教授完全放弃了教学，甚至连假装教学都不要了”，并批评学校“令人耻辱地表现出对新思想的漠视”。[①]更重要的是，在牛津大学严格的学术审查下，休谟的《人性论》被视为异端邪说而被查禁。亚当·斯密对于牛津大学严苛的学术审查极为愤慨，在一封信件中亚当·斯密极为气愤地控诉学校将其《人性论》的手抄本没收。

在牛津的6年，由于经济上的窘迫，亚当·斯密很少有机会回到苏格兰。此外他还患上了头痛，这使得他更加思念自己的母亲。在给母亲的信件中，他写道："不写信给你是不可原谅的，我每天都在想你。"幸好，牛津大学图书馆丰富的馆藏使得他的时间并没有浪费，他广泛阅读了拉丁文和希腊文经典，尽力突破学术审查，如饥似渴地阅读休谟的《人性论》，并由此受到怀疑论的深刻影响。1746年，亚当·斯密结束了在牛津大学的学业，返回自己的家乡爱丁堡，并在爱丁堡大学讲授修辞学和法律，随后受聘回到自己母校格拉斯哥大学讲授哲学。也正是在这一时期，在政治家查理·汤孙德的引荐下，亚当·斯密与同为爱丁堡人的休谟第一次见面。

不同于休谟利己主义的思想，亚当·斯密在《道德情操论》和《国富论》中表现出的哲学思想更多的是基于同情心。两人虽然观点不同，但却惺惺相惜。1773年，在故乡潜心写稿多年的亚当·斯密认为《国富论》已经基本完成，携书稿到伦敦准备出版，但他当时因为劳累过度，身体极度衰弱，担心书未付梓自己便去世，于是指定休谟为遗稿管理人。天意弄人，3年后，休谟先他而去，并在遗嘱中指定亚当·斯密为自己的遗稿管理人。休谟去世后，亚当·斯密给予了自己的这位挚友极高的评价："我认为，休谟无论在生前还是在死后，总是在脆弱的人性所许可的范围内，接近于一个全智全德者的理想。"[②]

---

① 斯密．国富论[M]．唐日松，译．北京：华夏出版社，2005：11.

② 斯密．亚当·斯密通信集[M]．林国夫，译．北京：商务印书馆，1992：165.

“哲学家斯密”

以“现代经济学之父”和《国富论》著称的亚当·斯密，在长期的大学教师生涯中，并没有开设过任何以“经济学”为名的课程，这是因为在19世纪之前，学者们按照苏格拉底流传下来的传统，把经济学当作哲学的一个分支。直到1903年，剑桥大学才有了一个经济学大纲，把经济学从伦理科学中分离出来。从格拉斯哥大学到牛津大学，亚当·斯密长期专注于哲学领域，而他最先在学术界赢得声誉，也是依靠自己在哲学上取得的成就。

长期以来，《国富论》的光芒使得我们误读了亚当·斯密，我们强调了他精于计算的分析能力，却忘记了他对人类情感同样关注。1751年，亚当·斯密回到格拉斯哥大学。第二年，他继承了他的老师哈奇森博士的岗位，成为大学的伦理学和哲学教授，直到1764年辞职。亚当·斯密经常回忆说，在格拉斯哥大学任教的13年，是他一生中最有价值、最快乐的时期，也是他学术思想形成的重要时期。

1451年，格拉斯哥大教堂的神父应苏格兰国王詹姆士二世的要求，在格拉斯哥建立一所永久性的大学，格拉斯哥大学由此建立，这是继圣安德鲁斯大学之后，苏格兰建立的第二所大学。在这所有着悠久历史和深厚人文底蕴的大学中，亚当·斯密正式踏上了自己的学术之路。不同于被他攻击过的牛津大学教师的教学风格，亚当·斯密在课堂上亲切自然、朴实无华，再加上对学生的关心，他迅速声名大噪。他致力于指导自己的学生形成独立思考的能力，而不仅仅是学习伦理哲学以及逻辑学的固有知识。

格拉斯哥大学的运营资金来源于教会，贫寒家庭的子弟，凭借大学为他们提供的奖学金和食宿，也可以在大学学习，因此格拉斯哥大学被称为“穷人的学院”。出于对知识的尊重和对学生的关爱，亚当·斯密允许学生半价甚至免费修习自己的课程。在亚当·斯密的时代，格拉斯哥大学只有大约 300 名学生，每一名学生待到毕业时，几乎全部都聆听过亚当 · 斯密的授课。很快，亚当 · 斯密成为学校中最受欢迎的教授，他的言论成为学校中最炙手可热的讨论话题，甚至格拉斯哥小镇上的居民都对其在课堂上提出的种种观点津津乐道。亚当 · 斯密那充满磁性的嗓音回荡在格拉斯哥的每一个角落，成为整个格拉斯哥最美的旋律；许多家书店都在橱窗中陈设亚当 · 斯密的半身雕像以吸引顾客；在格拉斯哥，亚当 · 斯密收到了最大的敬意。

在伦理哲学课堂上，亚当 · 斯密试图建立起一个完整的伦理哲学体系，这也成为他毕生的追求。他讲授自然神学，思考上帝的存在、属性和存在证据，找寻宗教存在的人类思想依据，探讨正义在道德中的含义。他还讲授政治和法律，思考财富的来源（这一部分内容在后来被发展为《国富论》中的思想），他甚至还讲授文学、哲学史和美学。当然，作为一名伦理哲学教授，亚当 · 斯密在这一时期的主要思考还是集中在道德领域，正如当时科学家们试图探索太阳系的起源一样，亚当 · 斯密也在探索道德认同和分歧的起源。

1759 年 4 月，在经过了长期的准备后，亚当 · 斯密以《道德情操论》为题，出版了他的伦理学名著，具体化了一部分他在格拉斯哥大学的授课内容。此时的英国刚刚在对法国的战争中获得胜利，一跃成为第一流的殖民大国，拥有当时世界上最为强大的海军，国力殷富，威势大增。在英国国内，伴随着殖民统治带来的海外资本的迅速膨胀，利己主义的思想极为盛行，人被设想为本能上是自私的动物，而在《道德情操论》中，亚当 · 斯密在利己主义假设的基础上，探讨了人们判断和压制私人利益的能力。在《道德情操论》中，亚当 · 斯密阐述了一个利己的个体如何控制自己的情绪或行为，尤其是自私的情绪或行为。

在利己主义的视域下，每个人都被视为只会立足于自我体系的中心，而不去思考他人，但如果是这样，为什么现实社会并不像政治理论家托马斯 · 霍布斯在《利维坦》一书中描写的那样，处于道德败坏的自然状态？亚当·斯密深深陷入了对这一矛盾的思考中。最终，他指出，当人们面对道德选择时，他们会制造一个“旁观者”。这个“旁观者”会仔细思考，在人们做出选择之前给出“公正”的建议，人们的选择不仅是为了自己的利益，而且在某种程度上也听取了假想的“旁观者”的建议，通过这种方式，人们做出的决定乃是基于同情，而不是自私自利。

我们在公正的旁观者理论中，也不难发现亚当·斯密恩师哈奇森提出的“道德感官”的影子。但不同于哈奇森基于特殊“良知”的理论，亚当·斯密的理论根植于“同情”。当许多人学习现代经济学时，发现经济学家只考虑自私的动机，只关心成本和利益，而忽视了人类更高尚的一面。批评家们还利用这一点贬低经济学家，声称经济学家是道德侏儒，缺乏同情心。这种攻击可能对某些人是正确的，但它不适用于亚当·斯密。在《道德情操论》中他把人们的行为归结于同情，把这种基于个人利益的利己主义称为“自爱”，认为人们自爱的本性是与同情心相伴随的。

随着《道德情操论》在英国乃至世界的传播，亚当·斯密为自己

故居大门

故居侧墙

赢得了显著的声誉，他以“哲学家斯密”的名号而为人所知。来自法国、瑞士和俄罗斯的学生纷纷来到格拉斯哥大学，只为一睹亚当·斯密的风采。亚当·斯密并没有在赞誉声中停下思考，在接下来的岁月里，他没有停下对《道德情操论》的完善和修订。1761 年，在该书初版问世仅仅两年后，亚当·斯密听取了一些研究哲学的朋友们的意见，对《道德情操论》做了较大修改。他发展了有关公正的旁观者的理论，明确指出良心是一种社会关系的产物。1767 年，在写作《国富论》的过程中，亚当·斯密又将《论语言的起源》等篇章增补到《道德情操论》中。在之后的十余年间，斯密又先后两次修订《道德情操论》。在亚当·斯密生命的最后几年里，他将自己的全部精力投入到了《道德情操论》第六版的修订工作中。或许斯密已经意识到这次修订是对这本书的最终审订，因此，他做得非常细致。他在 1788 年 3 月 15 日致朋友的信中写道：“我是个迟钝、非常迟钝的作者，每一篇作品在我能勉强满意它之前，至少要写上六七遍。”[①]

在《道德情操论》的第六版中，亚当·斯密对良心、公正的旁观者理论做了进一步发展，论述了“自我控制”的主题，还进一步阐述了“诚

① 斯密．亚当·斯密通信集[M].林国夫，译．北京：商务印书馆，1992：241.

实与欺骗”的内容。这一版新增的绝大部分内容是斯密在重病之下写成的，到1790年斯密逝世前几个月，这个新版本才出版。至此，亚当·斯密从青年时被恩师哈奇森埋下的道德之种，终于结出了丰硕的果实。诚如哲学家杜格尔德·斯图尔特所说："这些崇高的真理在他年轻时离开学院之际，第一次激起了他的天才的热情，他最后的精神努力也是寄托在这方面的。"①

十年著书

1763年可以说是英国历史上极为不平凡的一年，人类历史的又一次重大变革，正在这里慢慢酝酿。在这一年，英国打赢了百年宿敌法国，获得了七年战争的胜利，海外殖民地大幅扩张，成为世界头号殖民强国；这一年，工业革命方兴未艾，工业逐渐展现出强大的生产力和统治力，并在接下来的100年里，彻底颠覆了农业在整个世界的统治地位，帮助英国建立起“日不落”帝国；这一年，与亚当·斯密同为格拉斯哥大学教授的詹姆斯·瓦特，正在努力改进纽科门的蒸汽机，工业革命最为澎湃的动力——瓦特蒸汽机，不久后便在苏格兰诞生；同样也是在这一年，现代经济学理论基础的第一块砖石，被亚当·斯密缓缓放下。

在格拉斯哥大学后期，亚当·斯密的授课逐渐远离道德理论，而专注于法学和经济学，他在格拉斯哥大学开设的最后一门课程便是关于这些领域的。逐渐地，即使在能进行全球交流的格拉斯哥大学也满足不了亚当·斯密的知识需求。1763年底，亚当·斯密的好友和崇拜者查尔斯·汤申德给亚当·斯密提供了一份足够让他感到新奇的工作——担任自己的养子、已故布克莱公爵儿子的家庭教师。这个男孩的母亲是达尔基思伯爵的遗孀，那时她刚刚改嫁给查尔斯·汤申德。亚当·斯密接受

---

① 斯图尔特.亚当·斯密的生平和著作[M].蒋自强，等译.北京：商务印书馆，1983：63-64.

了好友的聘请，辞去了格拉斯哥大学教授职务，作为年轻的巴克勒公爵出国旅行的家庭教师，开始了为期近 3 年的欧洲大陆之行。值得一提的是，查尔斯·汤申德后来成为英国财政大臣，正是他对美洲殖民地强硬的税收政策导致了波士顿倾茶事件,美国独立运动也由此轰轰烈烈展开，而查尔斯·汤申德因此为自己在史书中争取到了一席之地。

作为一名导师，亚当·斯密被要求带领巴克勒公爵穿越欧洲，帮助这位年轻的公爵锤炼良好的品格。亚当·斯密在欧洲大陆 3 年的访问中，访问了法国和瑞士的一些重要城市，考察了欧洲大陆的经济、政治和社会状况。

在这次旅行中，亚当·斯密结识了许多法国知识分子的精英，如重农主义学派的领导人弗朗索瓦·魁奈、启蒙思想家伏尔泰等。在亚当·斯密欧洲之行的前一年半时间里，他陪同公爵前往图卢兹、波尔多和蒙彼利埃等法国南方城市。在此期间，他开始撰写《国富论》一书。1765 年 10 月，亚当·斯密一行人离开法国南部前往日内瓦。在那里，亚当·斯密饶有兴趣地观察了瑞士的共和制度，并在日内瓦附近与著名的法国启蒙思想家伏尔泰多次会面，两人就政治制度交换了意见。

在这次欧洲大陆之行中，对巴黎的访问让亚当·斯密收益良多。在 18 世纪，巴黎作为欧洲的核心，启蒙运动风起云涌，各种思潮在这里交汇碰撞。启蒙思想家们在这里讨论、思考、写作，启蒙运动的成果从这里传播到西方世界的每一个角落。在卢梭开辟的唯物主义传统下，启蒙思想家们“践踏偏见、传统、普遍共识、权威”，执着于找寻真理，发现事物的本质。

1765 年 12 月，亚当·斯密一行离开日内瓦到达巴黎，直到 10 个月后布克莱公爵患病的弟弟在巴黎死去才结束行程返回伦敦。在巴黎逗留的 10 个月间，亚当·斯密欣赏戏剧，陪同年轻的公爵参加贵族舞会，拜访包括富兰克林、狄德罗、达朗贝在内的启蒙运动大家，并经常在社交场合与启蒙思想家们谈论经济、哲学、文学、政治和其他问题。其中，在经济学理论上，魁奈和杜尔哥作为重农主义的领导者，对亚当·斯密产生了极为重要的影响。

重农主义者认为财富产生自生产而不是对金银的占有，并认为只有农业企业才产生财富。重农主义者极大地发展了启蒙运动的自然法观，但他们并不认为人类能够完全控制自然。他们认为只有充分理解自然规律，人类才能生存。虽然亚当·斯密不完全同意魁奈等人的理论，但从他的著作《国富论》中，明显可以看出他参考了一些重农主义者的观点。

1766 年 11 月初，亚当·斯密从巴黎返回伦敦。随后，他在伦敦待了半年。在此期间，他利用当时刚刚建立的大英博物馆收集了丰富的资料，继续研究国家财富中的一些重要问题，包括对殖民地的管理等。1767 年 5 月，他回到了出生地柯克卡迪，继续写作《国富论》。6 年后，自认为已经准备充足的亚当·斯密，携带自己已经完成的《国富论》初稿前往伦敦，准备将其出版，但在伦敦，亚当·斯密了解到了美洲激烈的民族独立运动。1775 年，美国独立战争爆发。殖民地问题引起了亚当·斯密的极大关注。为此，他决心继续进行自己的研究，而不急于出版此书。在之后的几年时间里，亚当·斯密潜心研究殖民地问题，对《国富论》进行了广泛的修改和补充，直到 1776 年 3 月 9 日，《国富论》这部经济学巨著才终于问世。

故居楼梯

故居窗户

亚当·斯密建立的富国富民的古典经济学理论，在经济学史上具有划时代的意义。《国富论》一经出版，便受到了热烈的欢迎，第1版在6个月内就已售罄。在书中，亚当·斯密向读者详细阐释了哲学、政治和商业的本质。直到今天，我们仍然可以说1776年《国富论》的出版，等于是发表了经济学家的独立宣言。

《国富论》，全名《国民财富的性质和原因的研究》，正如标题所说，斯密的深入讨论有一个特殊的目标：揭示财富获取的因果关系，从而解释财富是如何获得的。亚当·斯密声称人类仍然需要别人的帮助，但是“仅仅出于善意而期待这样的帮助”会使希望落空，“如果他能够证明这是为了他们的利益，他更有可能获得成功”。[①] 他认为，社会的未来不能建立在最高尚的动机之上，因而必须充分利用最强大的自私动机作为人们行为的全部动机。在《国富论》中，亚当·斯密认为劳动是财富产生的源泉，而劳动分工将能大量地提升生产效率。《国富论》

① 斯密．国富论[M].唐日松，译．北京：华夏出版社，2005：87.

一书的另一重点便是“看不见的手”理论。亚当·斯密认为，自由市场表面上看似杂乱无章，实际上是由一只看不见的手引导的，它将引导市场生产出正确数量和类型的产品。亚当·斯密还强烈批评过时的政府监管，他认为这将阻碍工业扩张。亚当·斯密在《国富论》中阐述的理论至今仍对西方国家的经济政策产生着深刻的影响。诺贝尔经济学奖得主、著名经济学家萨缪尔森声称：“很高兴发现亚当·斯密成功经受住了现代人对他的思想进行的分析解剖。”[①]

“亚当·斯密问题”

亚当·斯密在《道德情操论》中强调“同情”，而《国富论》中则强调“利己”，这两本书的理论貌似相互矛盾，这便是经济学中大名鼎鼎的“亚当·斯密问题”。经济学家熊彼特认为，在道德情感理论中，斯密把同情心作为社会行为的基础，而在法国“唯物主义”思想家的影响下，他从利他主义理论转向利己主义理论。从那时起，几乎所有关于亚当·斯密作品和思想的著作都把他视为一个道德利他主义者和一个经济利己主义者。然而，这种所谓的“亚当·斯密问题”实际上是对斯密作品的误解，尤其是对《道德情操论》的误解。进入亚当·斯密的世界中，人们便会发现《道德情操论》和《国富论》之间有着密切的关系。尽管它们谈论的焦点不同，但本质上是相同的。从人类行为动机的分析来看，民族的道德情操和财富都是建立在人类自身利益基础之上的。

在亚当·斯密看来，个人利益是人们从事经济活动的起点。当他谈到贪婪自私的地主在道德情感上的动机时，他说：“富人雇用千百人来为自己劳动的唯一目的是满足自己无聊而又贪得无厌的欲望……”[②]在

① 布赫霍尔茨．经济学大师们[M]．黄延峰，译．北京：中信出版社，2012：32.

② 斯密．道德情操论[M]．赵康英，译．北京：华夏出版社，2010：93.

《国富论》中，斯密谈到了追求利润的资本家的行为动机，他说：“那些利用资本来支持产业的人总是会努力使由他们的资本支持的产业的产品价值最大化。”亚当·斯密把这种基于个人利益的利己主义称为“自爱”。他认为“自爱”是人类的美德，不能与“自私”混为一谈，“自爱”是一切经济活动的必要条件。

在《道德情操论》和《国富论》两本书中，亚当·斯密表达了这样一种观点：人们沉迷于发明、改进和创新，出于达到和保持社会地位的需要，而沉溺于“追求财富”，从而表现出利己主义。“毫无疑问，每个人天生都首先关心自己。”他在《道德情操论》中写道。他认为改善生活条件是“人生的伟大目标”。在《国富论》中，这句话发展成了一句名言，表达了自利的动机：“我们每天所需要的食物和饮料，不是出自屠户、酿酒家或烙面师的恩惠，而是出于他们自利的打算。”①无论如何，亚当·斯密在《道德情操论》中“经济人”的起点与《国富论》中“经济人”的起点相同，也就是说，它们都从人类利己主义的本质出发。

亚当·斯密著名的“看不见的手”理论并没有首先出现在《国富论》中，而是出现在《道德情操论》中。他在《道德情操论》一书中写道：“一只看不见的手引导他们分配生活必需品，几乎和土地可以平等地分配给所有居民一样，从而无意识地提高了社会利益。”在这里，“看不见的手”被描述为对财富的追求或获取。这种获取的欲望是由人们的个人情感和爱好所驱动的，但当人们在这种“看不见的手”的指引下追求狭隘的私人目的时，却意外地实现了更大的社会目标，并促进了人类的福祉，这只“看不见的手”在国家财富中所起的作用更为根本。

然而，这只“看不见的手”却和政府监管一样有着共同的指向，那便是使私利与公益相协调。这一切立论的基础，便是人的本性是利己的，

---

① 斯密．国富论［M］．唐日松，译．北京：华夏出版社，2005：29.

正如亚当·斯密在《国富论》中所言："人天生，并将永远，是自私的动物。"①

追寻真理

凭借《国富论》和《道德情操论》这两部学术名著，亚当·斯密成为当时英国最为进步、最为重要的启蒙思想家。"包含着某些真理因素的谬误是最危险的"，亚当·斯密将自己一生中所有的精力和智慧，都奉献到找寻真理的事业中。为了表彰亚当·斯密给他的母校格拉斯哥大学带来的荣光，格拉斯哥大学师生在1787年11月和1788年11月两次推选斯密担任该校名誉校长，给了他极高的荣誉。1778年他获得了苏格兰关税部长职位，得以和他的母亲一同居住在爱丁堡。之后，他一直在爱丁堡工作和生活，直到1790年7月17日去世。

故居外景

亚当·斯密晚年热衷于做更多的事，写更多的书，以回报人们的信任和赞誉。他曾告诉一位朋友，除了他的伦理学和经济学著作外，他还

① 斯密．国富论[M].唐日松，译．北京：华夏出版社，2005：36.

打算写大量的文学、哲学和修辞学著作，以及法律、政治理论和科学发展史著作，试图建立一个庞大的理论体系，系统地阐明人类活动的体系和社会运行的法则。然而，随着年龄越来越大，身体越来越虚弱，他几乎不可能完成所有的写作计划。为此，他深感遗憾地说："我原打算写更多的东西，我的原稿中有很多可以利用的材料，但现在已经不可能了。"① 其实，在亚当·斯密的一生中，他写了十几种有关社会科学的著作，但生前只出版了《道德情操论》和《国富论》两部，其余的都在他临终前的授意下，被焚毁了。

以"人的解放"作为核心的启蒙运动奠定了现代社会的基础，虽然这一思想运动存在诸多缺点，但是作为启蒙运动参与者之一的亚当·斯密仍无比坚信，商业"引入秩序和好的政府，以及与它们一起，引入了个人的自由和安全……"。逝于 1790 年的斯密没有看到，20 世纪没有终结的"国家"与"市场"之争。我们该如何评价亚当·斯密，是"现代经济之父"，还是哲学家、思想家？或许单一的称号不足以涵盖他的成就。亚当·斯密虽然已经逝去，但他的作品和思想将在人类历史的长河中熠熠生辉、历久弥新。

（撰稿：刘青）

---

① 斯密．亚当·斯密通信集[M]．林国夫，译．北京：商务印书馆，1992：496.

参考文献

布赫霍尔茨 . 经济学大师们 [M]. 黄延峰，译 . 北京：中信出版社，2012.

霍尔茨曼 . 天才的回声 [M]. 黄延峰，译 . 北京：中信出版社，2016.

雷 . 亚当 · 斯密传 [M]. 周祝平，赵正吉，译 . 北京：华夏出版社，2008.

斯密 . 亚当 · 斯密通信集 [M]. 林国夫，译 . 北京：商务印书馆，1992.

斯密 . 国富论 [M]. 唐日松，译 . 北京：华夏出版社，2005.

斯密 . 道德情操论 [M]. 赵康英，译 . 北京：华夏出版社，2010.

斯图尔特 . 亚当 · 斯密的生平和著作 [M]. 蒋自强，等译 . 北京：商务印书馆，1983.

黑格尔

在德国西南部符腾堡州中部的内卡河谷，坐落着一座连近代地理学创始人亚历山大·冯·洪堡也赞赏不已的城市——符腾堡州的州府斯图加特市。这是一座具有500多年历史的老城，古老质朴的建筑与四周茂密的森林交相辉映，这里风景如画，绿树成荫，房屋错落分布在山谷和山坡上，山体掩映，宁静祥和。市中心古老的宫殿默默伫立百年，不仅见证了这座城市的兴衰，同时也见证了一位伟大哲学家的诞生。

黑格尔出生在斯图加特市埃伯哈特街53号一座三层带有阁楼的房子里，楼上是住人的公寓，楼下是商店，后来这里被辟为“黑格尔纪念馆”，来纪念斯图加特市伟大的儿子。今天，我们站在黑格尔故居的门前，慢慢欣赏着古韵犹存的街道，推开大门，就仿佛走进了黑格尔的青少年时代。一进入故居，首先映入眼帘的就是黑格尔的半身铜像，旁边放着一把椅子，供游客拍照留念。屋子里当年黑格尔用过的器物少之又少，恐怕是年代久远，当年的物品难以再收集起来，里边陈列着一些黑格尔的手稿、作业和已经出版的十多部著作。这些陈列的物品，正是黑格尔走过一生所留下的痕迹。只身漫步在黑格尔故居的各个房间，我们还是会情不自禁遥想这位伟人生活的情景，当时谁也想不到这个伏案用功读书的孩子将会在哲学界产生巨大的影响。黑格尔纪念馆至今免费向公众开放，以接受来自世界各地的人们对这位伟大人物的追思。

200 年后的今天，黑格尔故居并不像其他景点那样游客如织，这似乎与他在哲学史上煊赫的地位不甚相符。古来圣贤皆寂寞，就是这种寂寞与萧索，才是黑格尔真正的精神底色，才使他成为特殊的那一个。他不可能与热闹沾边，也不可能与热闹为伍，他的一切精神财富，都通过一本又一本的哲学著作向世人传递，这比“热闹”本身来得更有价值和意义。这幢小楼安静地伫立在道路旁，低调而安宁，从不张扬。我们透过时间的年轮，仿佛看到了黑格尔当时对知识的渴望，他静静地思考着整个世界的运转,并创造出恢宏巨大的哲学体系。在纷纷扰扰的尘世中，这幢小楼独处一隅，见证了历史变迁，几代兴衰，承载着人们很少关注的彼岸的精神世界。

黑格尔曾言 :“伟大的人物迫使他人理解他。”① 在黑格尔的一生中，他经过了法国大革命、拿破仑加冕登基、法国恢复君主制等重大事件，深受康德、卢梭、歌德等人物的影响；他诞生在一个伟大的时代，与优秀的人物同行；他的思想在早期并没有引起人们的太多关注，但他依然兢兢业业、厚积薄发；在他有限的生命中，他曾经担任过家庭教师、耶拿大学讲师、报社编辑、文科中学校长、海德堡大学教授、柏林大学教授，用他平凡的一生接过了前人传播文明的火炬并将其发扬光大，为西方哲学史构建起了一座客观唯心主义的宏伟大厦。

黑格尔在有生之年，有四部巨著为人所熟知，并且每一部著作都在哲学史上举足轻重。首先是《精神现象学》，写作此书的时候，他就已经明确了自己的哲学结构，后来所写的作品都在为填补这个体系的空白

① 罗克摩尔 . 黑格尔：之前和之后 [M]. 柯小刚，译 . 北京：北京大学出版社，2005：55.

而努力；其次是《逻辑学》两卷，此书可以说是为充实逻辑学、自然哲学和精神哲学的主体部分而作；再次是《哲学科学百科全书》，在这里他描述了其哲学体系；最后是《自然权利与国家科学大纲：法哲学纲要》，主要讲述客观精神的相关内容。除此之外，还有一些是他在大学任教时期的讲义，由黑格尔口授讲解，学生记录，后来得以出版。《历史哲学讲演录》《美学讲演录》《哲学史讲演录》等，它们如一粒粒的珍珠，点缀在黑格尔思想河流的两岸。

时隔两个世纪，黑格尔的思想依然伟大，他的作品犹如颗颗璀璨的明星，在历史的银河中熠熠生辉，诚如雕刻家罗伯特·斯特密所说：任何伟大的作品都带有奔腾流逝着的时间，它既沉浸在亘古洪荒之中，又蕴含于最为遥远的未来。黑格尔作为德国古典哲学集大成的伟大哲学家，创建了西方最为庞大的客观唯心主义哲学体系，他的名字也将被人们永远铭记。

黑格尔故居（德国斯图加特）

求学生涯

1770年8月27日，一个婴儿呱呱坠地，他就是乔治·威廉·弗里德里希·黑格尔。黑格尔诞生在一个较为富裕的家庭，是家中的长子。父母和亲戚都满心欢喜地迎接这个家庭中的第一个孩子。黑格尔的父亲奥尔格·路德维希·黑格尔是一位宫廷税务局书记官，稳定的收入可以确保一家人衣食无忧。为了让黑格尔接受更好的教育，他的父亲在他3岁时，请了家庭教师来教他识字和规范日常言行。他的母亲玛丽亚·玛格达伦·黑格尔在对他的教育中扮演了至关重要的角色。黑格尔5岁的时候，她就开始对他进行启蒙教育，并热情地鼓励小黑格尔的点滴进步，这促成了黑格尔对真理的不懈追求。他母亲的家族可追溯到16世纪符腾堡著名的新教徒改革家约翰内斯·布伦茨。黑格尔的远祖也是一个新教徒，他的祖父是路德新教的牧师，曾为诗人席勒主持过诞生后的洗礼。黑格尔家族一直信奉新教的传统使得黑格尔后来将宗教和哲学联系在一起，提出宗教改革的主张。黑格尔的家人除了能够秉承符腾堡古老的传统之外，还能够重视德国启蒙运动所带来的现代性思潮，曾向德国国家公共图书馆捐赠过一本内载德国启蒙运动内容的重要杂志，这在幼小的黑格尔心中埋下了一颗启蒙的种子。严格的管理和教育，使得本就内向的黑格尔更加沉默寡言，也促成了他多思考、少说话的习惯。

黑格尔的父母过分重视孩子的学习教育，但却忽视了他的身体素质。黑格尔青少年时期的健康状况一直令人担忧，曾有好几次与死神擦肩而过的经历。6岁的时候，黑格尔得了天花，双目失明了好几天，医生断定他必死无疑。13岁时，他的家乡流行一种很严重的疾病，不但他本人病得厉害，而且他的母亲也不幸感染这种疾病后去世。后来，他还曾因患疟疾，休学了好几个月。虽然一次次与病魔的斗争让黑格尔苦不堪言，但是身体上的疾病让他明白了世事无常的道理，并在心理上越发成熟，开始思考别人不曾注意过的东西。他不禁自问：世界的本原是什么？

在人的有限的生命中，自身的价值到底是什么？黑格尔默默地思考着，咀嚼着，积累着。他的一生中没有多少波澜壮阔、跌宕起伏的故事，但他的思想却如平静水面之下的激流，暗波汹涌，掀起了巨大的思想风暴，引起了改变欧洲乃至整个人类思想的革命。

黑格尔非常喜欢读书，并且从开始上学时就养成了写日记的习惯。在他的日记中，除了记载一些生活琐事之外，最常见的就是对于书籍的大量摘录以及对自己的一些看法和见解的记录。他在日记中摘抄了德国启蒙运动中许多人物的著作，如卢梭、康德、莱辛等等。这些作品启迪了他幼小的心灵，为他的哲学思想埋下了一颗种子，这颗种子在不久的将来会生根发芽，逐渐长成参天大树。黑格尔不断从前人的作品中汲取营养,他日记中的内容表现出了他对于知识的极大渴望。由于这种渴望，他在中学时的成绩门门优良。据记载，“黑格尔一直是个性温和，学习勤奋,品行良好的学生,从未有过不良行为的记载”①。当别人在外边玩耍的时候，他却躲在图书馆里，沉浸在知识的海洋中无法自拔。读书的同时，他还做了大量的读书札记。而且，他用自己特有的方法把这些札记编排起来：在每张活页纸下方标上分类符号，便于查找和检索。通过广博的阅读和积累，这位才思敏捷的少年心里对哲学充满了一些乱蓬蓬的想法，但还缺少一根明晰的主线将其串联起来。带着满腹的疑问，黑格尔从斯图加特高中毕业。由于成绩优异，黑格尔和其他三名学生一起被送往斯图加特西南部的图宾根神学院继续学习，并获得公爵奖学金。

在斯图加特生活的几年时光中，黑格尔获得了人文主义和自然科学的双重熏陶，他以一个涉世未深的少年的眼光，打量着这个世界所发生的一切，并十分期待成年之后参与到这些活动中去。长期的阅读和做读书笔记的习惯，培养了他对资料的整合和驾驭能力，在浩如烟海般的知识中，使他不至于迷失了自己的航向。

---

① 张慎.黑格尔传[M].石家庄：河北人民出版社，1997：3.

故居内景

1788 年，黑格尔迈进了图宾根神学院。来到这里的第二年，即黑格尔 19 岁之时，巴士底狱被攻占的消息传来，法国大革命浩浩荡荡拉开了帷幕。黑格尔是关注法国大革命的积极分子，他热情地歌颂法国大革命为“灿烂的黎明”，“一切思想者都分享了这个时代的欢欣”，并且学着像法国人一样在郊外种下一颗“自由树”。[①] 他在给朋友的纪念册中，题有“卢梭万岁”“自由万岁”的口号。在图宾根神学院，黑格尔遇到了两个出类拔萃、名传后世的朋友：弗里德里希·荷尔德林和弗里德里希·威廉·约瑟夫·谢林，前者成为一代浪漫主义诗人，后者既是浪漫主义的代表人物同时也是伟大的哲学家。康德有句名言：兴趣和爱好是伟大行为的两翼，象征万物如一。黑格尔要完成自己的伟大理想，同样也需要两翼，一是对古希腊的热爱，一是对哲学的兴趣。在黑格尔的朋友中，最能促进前者的是荷尔德林，最能促进后者的是谢林。荷尔德林对于古希腊的狂热，让黑格尔在受感染之余还保持着绝对的理性；谢林拥有着哲学的天赋，是黑格尔踏进哲学大门的领路人。这两个人都对黑格尔的一生产生了重大影响。

黑格尔在图宾根神学院曾写下许多批判旧宗教、创立新宗教的篇章。他反对神学院里僵化的、腐朽的基督教，努力寻找一种新宗教的纲领——

① 辛格．黑格尔[M]．张卜天，译．南京：译林出版社，2015：1.

民众宗教，他认为启蒙思想是必须要与宗教相结合的："宗教是我们生活里最重要的事之一。"①这些作品后来被世人称作《图宾根残篇》，尽管当时未能发表，甚至其内容还有许多不明确之处，但依然可以看作是一个志向远大的哲学家的思想起源。

1793年，经过两年的神学课程、三年的哲学课程的学习，黑格尔顺利从图宾根神学院毕业。此时，尽管他本身对宗教依旧十分热爱，但对旧宗教的失望使他改变了要走上当牧师这条道路的初衷。是的，他对未来的憧憬和对自由的向往都使他把眼光投向更远处——他要为哲学贡献出自己全部的力量。

初出茅庐

于图宾根神学院毕业后，从1793年到1801年，黑格尔先后在瑞士的伯尔尼和德国的法兰克福做过家庭教师。这在当时是一些刚从大学走出来又没有固定工作的学生们惯常选择的职业，他的前辈哲学家康德和费希特也曾这样做过。家庭教师的工作比较轻松，在这段时间里，黑格尔有大量的时间潜心研究政治、历史和哲学，还可以静心思考他在神学院时期模糊、不甚明晰的问题，这些都为他以后撰写《精神现象学》一书提供了沉淀知识、理清思路的绝好机会。

瑞士的伯尔尼是一座小山城，风景秀丽，平静安逸，民风淳朴，洋溢着边城的自然和野性，人们日出而作日落而息，秉承着传统的作息习惯。黑格尔在城中的一个贵族家庭中任教。1795年，黑格尔在此对宗教问题进行了更加深入的思考，并写下了《耶稣传》。他依照康德提出的"理性范围内宗教"的原则重新解释圣经，这一原则的最高体现就是道德改善。因此，黑格尔在解说圣经的过程中，处处体现着康德道德信仰的观点。

① 张慎．黑格尔传[M].石家庄：河北人民出版社，1997：12.

《耶稣传》表达的核心观念是，耶稣为宣传教义最终赴死是由于理性宗教、道德改善受到传统世俗教会的迫害。黑格尔大声疾呼，与传统世俗教会的迫害的斗争是一刻不能止息，是要永远进行下去的！

当时，贵族家庭中的主人和家庭教师的关系是一种主仆关系，黑格尔与主人的关系还算是融洽，但时间一长，难免会滋生出寄人篱下之感。在1796年底，黑格尔的大学好友荷尔德林推荐他到德国法兰克福的一个商人家庭中任教，经过短暂的考虑，他决定结束在伯尔尼长达3年的任教生涯，转而接受法兰克福的这份工作。

1797年，黑格尔从静谧的瑞士小城到了地处莱茵河畔的法兰克福。这里经济发达，交通便利，是德国重要的贸易和文化中心，更重要的是，他任教的家庭没有贵族家庭那样令人讨厌的繁文缛节。黑格尔在这里可以无拘无束地生活，时常参加社交聚会，讨论政治、经济和文化等方面的话题；在这里能够充分享受大城市的生活，听歌剧，看话剧，参加各类舞会。可以说黑格尔日后在美学领域的建树首先得益于他对市民文化生活的喜爱。除此之外，黑格尔还经常去教堂，当时他的一位亲戚在这里任教会总监，由此黑格尔得以找到一位精神方面的长者。任教法兰克福期间，黑格尔阅读了大量的政治经济学的著作，并初步形成了自己的政治经济思想。他认真阅读詹姆斯·斯图亚特的《政治经济学原理探究》，并为之作序。他在这一时期形成的政治经济思想基本都呈现在了《伦理体系》《实在哲学》中。黑格尔十分重视劳动的地位，认为劳动是人民实现自己价值的主要

故居内景

黑格尔作品

方式，是主观世界和客观世界相统一的途径。他给劳动下的定义是：劳动是对象的消灭，劳动是有目的地消灭客体。更进一步来说，劳动不是消灭一般的客体，而是改变它，代之以另一个客体，他已经猜测到劳动是改造客体的关键，劳动是人的本质。[1]在当家庭教师期间，黑格尔也一直勤于思考、笔耕不辍，这为他日后取得光辉成就打下坚实的基础。

春去秋来，黑格尔迎来了世纪之交，也同时步入了自己的30岁的门槛。此时的黑格尔，事业上不像他的朋友谢林一样早早成名，婚姻上也没有遇到一位心仪的女子共结连理，他的思想一如当初年少时不甘于平凡与默默无闻，学术上的观点也变得复杂丰富，他的人民宗教纲领几经变化和反复，他对实践哲学有了新的思考和看法。他在1800年前后写作了一些篇幅较长的作品，涉及的主要是关于宗教、几何学、德意志宪法等方面的问题，这些手稿都未曾出版。其中有一篇被称为《1800年体系残篇》的文章，几乎涵盖了以上论述的基本问题，可以看作是黑格尔早期思想体系从建立到成熟过渡的重要作品。换言之，在理论上可以将其称之为“黑格尔耶拿体系的诞生之地”。

① 参见贺麟．西方六大师[M]．北京：北京大学出版社，2010：84.

耶拿哲学体系

1799年，黑格尔的父亲去世，他得到了一笔微薄的遗产，暂时可以让他摆脱寄人篱下的生活。与此同时，他仿佛已经在朦胧中找到了人生之路：做一名哲学家。1801年，他前往向往已久的耶拿大学谋求教职。当时法国大革命正进行得如火如荼，耶拿这座德国城市归属于魏玛公国的管辖之下，开明与宽松自由的文化政策，使得耶拿成为一所文化名城，这里是古典主义和浪漫派的发源之地，歌德、席勒、施莱格尔兄弟等都曾在此留下足迹。在这样一个文化氛围浓郁而又宽松自由的环境中，黑格尔可以大展拳脚。如果说在这之前黑格尔所做的努力是在为他的哲学大厦建造地基的话，那么在耶拿时期的成就，就完全可以理解为是其哲学大厦的平地而起，逐渐向世人展现出一座宏伟大厦的概貌。

来到耶拿不久，黑格尔发表了《关于行星轨道的哲学论文》，并在谢林的帮助下得到了耶拿大学的编外讲师资格。1801年冬天，黑格尔正式踏上了耶拿大学的讲台，开始教授逻辑学、形而上学、自然法、哲学和数学等课程。当时黑格尔还是一个不善言谈的人，与其他老师相比，他显得有点“木讷”，有时甚至还会流露出害羞的神情，在讲课中也体现不出良好的口才或修辞，但他的课程内容充实，而且逻辑严谨，逐渐得到了人们的认可和尊敬。

在耶拿期间，黑格尔近距离地接触了歌德、席勒等著名的文学人物。不可否认的是，哲学和文学是对同一问题的不同角度的回答，是一件事物不同的两个方面。黑格尔的时代是歌德、席勒进行伟大创作的时代，黑格尔用理性的语言表达了歌德、席勒用感性语言描绘的精神世界。歌德的小说《少年维特之烦恼》、诗《普罗米修斯》，席勒的名剧《强盗》《阴谋与爱情》等，都是“狂飙突进运动”的代表性作品，揭示了很多现实政治社会的尖锐矛盾，富有辩证法的因素，为黑格尔提供了不少的启发。

黑格尔一直视席勒为自己“哲学思想的启导者”①。黑格尔与歌德的关系也极其密切,两人建立了真诚的友谊,并保持了30年之久。黑格尔在《精神现象学》中将歌德《浮士德》当作是近代资产阶级精神的典型意识形态之一来描述，在后来《逻辑学》《美学》等著作中也对歌德、席勒做出了极高的评价。黑格尔吸收了当时进步的文学思想，将其发展内化为自己哲学思想的一部分，这是黑格尔哲学能够达到德国古典哲学最高峰的一个不可或缺的因素。

黑格尔在耶拿大学授课期间，开始着手写作《精神现象学》一书。当黑格尔忙着写这本书时，耶拿的战役打响了，拿破仑带领着军队占领了耶拿。尽管这场战争带来了动乱，使得耶拿大学停课，黑格尔也不得不离开耶拿这个学术中心，但黑格尔仍然保持着对拿破仑的崇拜与赞美之情。在耶拿被占领后的第二天，黑格尔在一封信中说道：“我看到皇帝——这个世界的灵魂——骑马穿城而过，去检阅军队。看到这样一个人在这里集中成一点，坐在马背上，走向世界并统治它，这的确是一种奇妙的感受。”②《精神现象学》的写作伴随着耶拿的战争进行着，黑格尔虽然当时在耶拿大学是讲师，但是授课都是无偿的，直到1806年他才拿到他的第一笔报酬，而且这笔报酬对于维持生活来说，还是远远不够的。于是黑格尔不得不向书商预支了一部分稿费，才得以勉强度日，前提是必须在约定日期之前付稿，否则就赔偿全部出版费用。1806年晚秋，黑格尔如期将《精神现象学》交印。这本书一经问世，就引起了巨大反响，被称作是最令人惊讶的哲学著作之一。黑格尔的《精神现象学》从现象与本质的不可分出发,通过现象认识本质,最后达到绝对知识。在《精神现象学》中，他描述了最初的普通感性知识经过艰苦而漫长的道路才能达到哲学知识的历程，用辩证的方法和发展的观点研究分析人的意识形态、精神现象发展的历史过程或阶段，由最低阶段逐渐上升到

---

① 贺麟.西方六大师[M].北京：北京大学出版社，2010：69.

② 辛格.黑格尔[M].张卜天，译.南京：译林出版社，2015：2.

黑格尔著作

最高阶段的矛盾发展过程。在本书中，一共分了五个阶梯：意识、自我意识、理性（这三者形成主观精神）、精神（形成社会意识、民族精神、世界精神、时代精神、时代思潮等统称为客观精神）、宗教与绝对知识。每一阶梯的内容又再分成若干个阶梯。精神现象学涉及认识论、自然哲学、法哲学、历史哲学和本体论等方面的内容，对辩证法做了新颖的表达和具体的运用，显示了精神现象、意识形态因发展过程中的内在矛盾而走向真理的漫长历程。

马克思曾称《精神现象学》一书为“黑格尔哲学的真正起源和秘密”，是“黑格尔的圣经”。[①] 的确如此，《精神现象学》的出版，标志着黑格尔已成为一个成熟的思想家，他的哲学思想已进入系统化阶段。后人对于《精神现象学》一书的研究，不仅仅只是针对本书中的哲学思想进行研究，更是对黑格尔整个哲学体系的发掘。而马克思之所以称之为“秘密”，是因为《精神现象学》成为理解黑格尔哲学体系的关键所在。用马克思的话来说，就是“作为推动原则和创造原则的否定性的辩证法”，“黑格尔充分地认识到人的自我创造是一种过程，以及劳动的本质即把对象化的人，了解为他自己劳动的结果”。[②] 黑格尔的这种思想一直贯穿在全书的内容之中。

如果说黑格尔之前在神学院以及做家庭教师期间的作品都可以看作是这位哲学家在形成伟大思想之前所做的实战演练的话，那么《精神现

① 马克思．黑格尔辩证法和哲学一般的批判[M]．贺麟，译．北京：人民出版社，1955：10.
② 马克思．黑格尔辩证法和哲学一般的批判[M]．贺麟，译．北京：人民出版社，1955：14.

象学》可以被看作是他哲学的真正起源。在《精神现象学》中已经包含了黑格尔整个哲学的雏形、萌芽和主要观念。它揭示了接踵而来的逻辑学的观点和方法，包含了《哲学全书》的“精神哲学”的主要轮廓，此外还涉及了大量的自然哲学的材料。我们完完全全可以把此书当作黑格尔哲学体系的导言。《精神现象学》除了在构建黑格尔的哲学体系方面的贡献之外，还研究了意识发展史，并使得后者能够作为一门独立的学科而存在。

《精神现象学》交付出版以后，黑格尔终于能从紧张忙碌的工作中解脱出来喘口气了。此时，他离开耶拿的决心已定。这个时候的耶拿大学已经跌至自己的历史最低点，再加上法国军队的入侵，使得这座小城的状况雪上加霜。1807 年，他与女房东的私生子路德维希又降临于世，这无疑更加重了他的精神和经济负担。在耶拿这种花边新闻很快就会流传开来，这里已经没有了他的容身之处。他的第一部著作引起了人们的关注，但他此时的生活却如水中浮萍一般，漂泊不定。

走向成熟

1807 年 3 月，黑格尔离开耶拿之后，经过朋友介绍，在班堡接受了《班堡报》的编辑一职，开始了他的短暂办报生涯。之前在耶拿大学的时候，他曾经与同窗好友谢林合作出版过一份哲学杂志，因此对编辑一职颇有心得。而且当编辑会有诸多闲暇时间继续研究哲学，可以利用职务之便对政治发表见解，这对

NOUS L'ADVOYER ET CONSEIL
DE LA VILLE ET RÉPUBLIQUE DE BERNE,
Certifions à tous ceux qu'il appartiendra, que
avoir libre passage aux lieux où il parviendra. En foi de
quoi Nous avons fait munir ces Présentes avec le Sçeau accoutumé
de Notre Chancellerie; donné

伯尔尼总理府为黑格尔出具的通行证明

于黑格尔来说非常诱人。但黑格尔高估了当时政府所承诺的新闻自由，当时的班堡并不具备办一份哲学杂志的条件。不久后，报纸就面临着诸多困难，甚至报纸中的一些言论被政府指责有泄露国家机密之嫌。黑格尔因此不得不接受无休止的审查,这让他对新闻自由十分失望,最终《班堡报》也难逃被无情查封的厄运。于是，当他的朋友尼萨默尔推荐他去纽伦堡一所中学担任校长并讲授哲学的时候，他欣然前往。

1808 年到 1816 年，黑格尔在纽伦堡担任文科中学的校长。在这里，他的收入比在耶拿时提高了，而且校长的身份在当地也颇受尊重，黑格尔对此十分欢喜。但短暂的喜悦之后，黑格尔就发现了诸多的问题：工资时常拖欠；学校的建筑年久失修，甚至窗户都没有遮光的东西；当地书店卖的教科书惊人地昂贵；更为糟糕的是学校里竟然只有一处厕所，这让黑格尔在招生时必须硬着头皮反复向家长解释。不满归不满，但这些外部的不利条件并没能削减黑格尔对教育和研究的热情。除了担任校长职务，黑格尔还走上讲台亲自向学生传授知识。文科中学的哲学和宗教课程都由他亲自讲授，有时候他还替别的老师讲文学、拉丁文、高数等课程，他渊博的学识、引人入胜的教学，让学生们赞叹不已。这段时期，黑格尔深化了自己的民众教育和学校教育的思想，更加注重古代人文精神的优良传统，并且在不断讲课的过程中，积累了如何与学生沟通和有效传播知识的经验，这与他在耶拿时期生硬的讲课方式是大相径庭的。文科中学的教学环境状况尽管不如人意，薪资也时常拖欠，但这些不利条件黑格尔都一一克服了，他还让学校的教学质量获得了大幅度提升。黑格尔在当地赢得了一个好名声，大家都对这位外来的校长投去了充满敬意的目光。

8 年的校长生涯给他带来的不仅仅是思想的成熟，还有圆满的婚姻。1811 年，黑格尔与当地的一个贵族小姐——玛丽·冯·图赫尔喜结连理。这位妻子比他小 20 岁，据说黑格尔在求娶这位美丽的贵族小姐时，曾因为经济上的拮据而遭受到未来岳父的责难。当时校长的工资得不到按时发放，黑格尔靠着借债为生已是大家心照不宣的秘密。后来黑格尔积极谋求大学的教职，并且承诺会成为大学教授才让他渡过了这次危机。1811年9月15日，婚礼得以正式举行。黑格尔对妻子十分满意，婚姻生活也很温馨愉快。他的婚姻正践行了自己的家庭观点：伦理性的爱。他们育有一女二子，长女夭折，大儿子卡尔成为知名的中古史学家，后来黑格尔的《历史哲学讲演录》就是由他整理出版；小儿子伊曼努埃尔担任宗教方面的要务。黑格尔的妻子秀外慧中，总能把家里打理得井井有条。

婚后不久，黑格尔给好友的信中说："我的尘世的目的已经达到了，因为有了一个官职和一个亲爱的妻子。"① 以此看来，这多少反映出了他平凡的一面，恩格斯也曾说过："歌德和黑格尔两人在各自领域都是奥林匹克山上的宙斯，但两人又都从未摆脱德国小市民的气息。"② 他无意于政治，也无心于争权夺利，满足于这样的家庭生活，使得他能够平心静气地继续建立自己的哲学体系。婚后的短短半年时间，20多万字的《大逻辑》（上卷）就面世了。在去海德堡大学任教之前，他完成了两卷本的《大逻辑》的写作。

谈到黑格尔的逻辑学，人们都会提到他的《大逻辑》和作为《哲学百科全书》一部分的《小逻辑》，这两本书要放在一起才能完整地体现黑格尔的逻辑，才能完整地揭示出范畴、概念之间的有机系统和矛盾进展。黑格尔的逻辑学分为存在论、本质论和概念论，这是其哲学体系的核心内容。他一方面表现出唯心主义的倾向，另一方面，他又注意用辩证法的方法去解释概念之间的关系和运行。列宁曾评价说："黑格尔的逻辑学的总结和概要、最高成就和实质，就是辩证的方法——这是绝妙的。还有一点：在黑格尔这部唯心的著作中，唯心主义最少，唯物主义最多。'矛盾'，然而是事实！"③

完成《大逻辑》的写作之后，黑格尔积极谋求大学里的教职，他

---

① 贺麟．西方六大师[M]．北京：北京大学出版社，2010：75.

② 张慎．黑格尔传[M]．石家庄：河北人民出版社，1997：123.

③ 中共中央马列著作编译局．列宁全集：第38卷[M]．北京：人民出版社，1959：253.

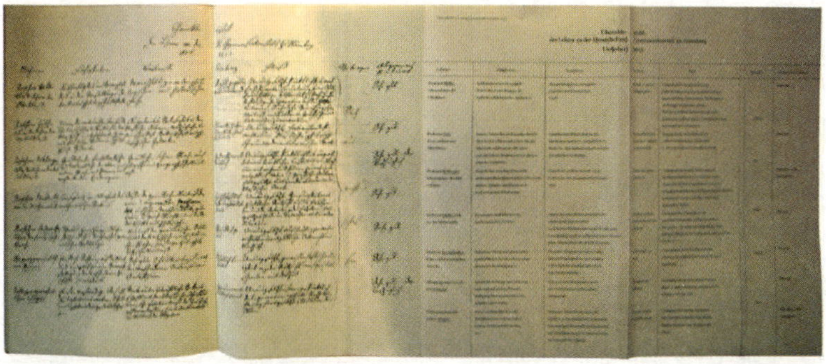

黑格尔手稿

曾向柏林大学和海德堡大学提交过申请。但当时主管柏林大学的政府部长是一位保守主义者，拒绝了黑格尔的申请，相反，海德堡大学则伸出了热情的手，将黑格尔称为该校建校以来的第一位哲学家，这令黑格尔十分高兴。黑格尔在回信中谈及工资等方面的问题，但没有得到回信。他又向柏林大学寄了一份关于大学哲学教育的一些想法，这让当局十分心动，于是柏林大学致函黑格尔，承认他的应聘资格，但是又流露出对于他太久没有在大学教课，能否生动地吸引学生的审慎怀疑。这时，黑格尔没有急于证明自己已然拥有流畅生动的讲课风格，也不急于反驳对于自己教学能力的轻视和怀疑，因为海德堡方面已有了回信，于是，黑格尔婉拒了柏林大学的聘请，接受了海德堡大学的任命。1816 年秋天，黑格尔以愉悦的心情告别了纽伦堡，以一个哲学教授的身份迁居海德堡。以前的迁居都是出于谋生的需要，这次的迁居则意味着他人生道路的上升。8 年前他孤身一人来到纽伦堡，8 年后，他事业家庭俱全，如今他又得以重返梦寐以求的学术中心，怎能不令他激动万分呢？

黄金时期

海德堡的历史可追溯至 1196 年，它比黑格尔的出生地斯图加特市

故居内挂件

还要古老，这里风景秀丽，建筑错落有致，被称为“世界浪漫之城”。绿水清清的内卡河从城中穿过，河对面有一条哲学家小路，一年四季绿草如茵。在黑格尔之前，歌德、艾兴多夫等浪漫派作家已经让这座城市名声大振。我们虽然已经无法考证当时的黑格尔是否时常漫步在这条哲学家小路上，但我们可以想象出黑格尔带着讲义，穿过市中心，往返于住处和学校之间，步履匆匆，哲学的火花不时地在脑海中闪现。1816年秋，黑格尔以哲学教授的身份重新站在了大学的讲台上，他踌躇满志，自信满满。

黑格尔在海德堡大学主要讲授理论哲学、实践哲学、自然哲学、精神哲学、美学等课程，授课期间并未因身体不适或是其他原因停讲。更为值得注意的是，他的哲学思想的形成和传播，都离不开他的教学活动，而且他的许多著作，都是在课堂讲义的基础上形成的。在海德堡期间，他发表了作为讲义的《哲学全书纲要》，这本书的发表标志着黑格尔构建哲学体系工作的最终完成。我们今天看到由《小逻辑》《自然哲学》《精神哲学》构成的哲学全书体系，则是经过多次修订和学生的整理汇编才形成的。

实际上，除此之外，黑格尔的美学著作主要也是由其学生整理出版的。他的《美学》一书的中心线索是为美下定义：当真在它的这种外在存在中直接呈现于意识，并且它的概念直接和它的外在现象处于统一体时，真的理念同时就是美的，美因此就是理念的感性显现。[1]黑格尔将美分为三个部分：理念、感性显现和感性显现的统一。美因而也就是理性与感性、内容与形式、个别与特殊的统一。可以看出，黑格尔成功地将其辩证法运用到他的美学思想之中。黑格尔的《美学》是西方美学史上具有划时代意义的鸿篇巨制。

1818 年，柏林大学哲学教授一职空缺，当时黑格尔已是人尽皆知的大哲学家，于是柏林大学再次向黑格尔抛出了橄榄枝。最终，柏林大学迎来了黑格尔这位巨人。可以说柏林大学成就了黑格尔，黑格尔也成就了柏林大学。黑格尔不仅在这里达到了事业上的巅峰，以其庞大的哲学体系、渊博的知识影响了越来越多的人，也在这里度过了人生中最后的时光。人们敬仰他，纷纷前来请他作序，请他担任大学评议会委员……后来还选他当校长。柏林大学素有“学院自由”的传统，校长一职都是从有声望的教授中遴选而出的，担任校长既是责任的担当，同时也是地位与荣耀的象征。

黑格尔到柏林大学任教之时，启蒙的种子已在欧洲大地上生根发芽。1817 年 10 月 18 日，是德意志宗教改革 300 周年和莱比锡各民族大会战纪念日。当天，德国 15 所大学的学生在瓦特堡举行公开集会，庆祝这两个象征民族自由和解放的节日。当天晚上，与会学生举行了火炬游行，部分学生还焚毁了一些保守的、反民族主义的作家的书籍。瓦特堡大会之后，学生运动在德国各地蓬勃发展。大学生们呼吁德意志的统一，要求人权自由，还组织了针对反动文人和政府官员的暗杀活动。1819 年，学生运动被镇压。在这种政治背景之下，黑格尔的又一篇著作——《法哲学原理》在 1821 年诞生了。这本书作为黑格尔在柏林大学开设“自然法与国家学”课程的教材，是黑格尔在柏林大学时期留下的唯一一本著述，同时，它又是褒贬不一的一部著作。有的人读完这本书后认为他

① 参见黑格尔．美学：第 1 卷 [M]. 朱光潜，译．北京：商务印书馆，2018：142.

故居大门

是“普鲁士的官方哲学家”，有的人认为黑格尔为了迎合普鲁士当局的政治，故意修改了这本书以前已写好的草稿才交付出版，在之后很长的一段时间内黑格尔被贴上了“最反动和最保守”的标签。但是黑格尔果真是这样吗？他曾经是多么热情地歌颂和拥护法国大革命，赞美拿破仑的伟大，现在却突然态度180度大转弯去拥护普鲁士王国？

黑格尔《法哲学原理》这本著作，是他从法兰克福一直到柏林20多年来深思熟虑的结果，它之前是《哲学全书》“精神哲学”中的一部分，后来被单独抽出来成书出版。法哲学是一门涉及内容广泛的学科，不仅讲法、权利，也讲道德、伦理，特别着重讲到社会和国家。

黑格尔主张，法哲学的原则不依附于国家权威，也不来自个人内心情感，“哲学作为有关世界的思想，要直到现实结束其形成过程并完成其自身之后，才会出现。……密纳发的猫头鹰要等黄昏到来，才会起飞”①。也就是说，事物的发展要符合它自己本身的真理，不要用哲学上的观点和概念来干预现实和历史。《法哲学原理》作为黑格尔多年的积

① 张慎．黑格尔传[M].石家庄：河北人民出版社，1997：186.

淀之作，对后世的影响是十分巨大的。黑格尔在19世纪20年代讲授法哲学这门课程时，坐在课堂上听过这堂课的学生不胜枚举，里面有一位叫海宁的学生，十几年后也成了一名老师，并且也开设了法哲学课。同样，在他的课堂上也坐着一位勤勉的学生，名为卡尔·马克思，后来，这位学生通过《黑格尔法哲学批判》彻底与传统社会决裂，最终写出了《共产党宣言》，成了无产阶级的代言人和无产阶级革命的先驱。如今，马克思的名言"哲学家们只是用不同的方式解释世界，问题在于改变世界"，仍然深深镌刻在柏林洪堡大学的墙壁上，黑格尔的塑像则静立在洪堡大学后面的广场上与之遥遥相望。在这里，两个伟人穿越时空的界限，用这种无声的方式默默交流着、凝望着，不时有学生驻足沉思，似乎在想象当年两位先哲的辉煌，又仿佛在思考着费解的哲学命题。这两人的思想都曾改变了世界，至今都让人追思。

结语

黑格尔曾说："凡是现实的都是合理的，凡是合理的都是现实的。"[①]这一论题包含了深刻的辩证法思想。1831年11月14日，在他的声望达到顶峰之时，61岁的黑格尔因感染霍乱离世，平静地结束了他不平凡的一生，他的一位同事写道："多么可怕的空虚！他是我们大学的台柱子。"[②]他虽然已经离我们远去，但他伟大的思想永远被后世铭记。黑格尔作为德国古典哲学集大成的伟大哲学家，从康德的理性批判出发，又继承改造了费希特哲学与谢林哲学，形成了西方哲学史上最庞大的客观唯心主义的哲学体系。马克思批判地继承和吸收了黑格尔的唯心辩证法，将其中的合理内核加以利用，发展形成了马克思主义。

罗蒂说："黑格尔正耐心地守候在我们行进的任何一段旅程的起

---

① 董兴杰，才华．费尔巴哈论基督教[M]．保定：河北大学出版社，2012：6.

② 辛格．黑格尔[M]．张卜天，译．南京：译林出版社，2015：11.

点。”[1]黑格尔去世的时候，正是黑格尔哲学最引人关注的时候，他的哲学引领了当时的风尚，引发了各种讨论。康德与黑格尔，是德国古典哲学的两位大家，他们的光辉点亮了哲学之路，他们的时代成为哲学史中最辉煌的时期之一。黑格尔用他极其平凡的一生，走上了哲学的巅峰。虽然黑格尔的时代已经离我们远去，但是他思想的张力仍然时时刻刻影响着我们。如果说黑格尔的哲学是一面镜子，那么，它不仅反映出了当时的思想状况，而且对于今天的我们来说，时常拿出来照照，也是大有裨益的。

（撰稿：武娟）

参考文献

董兴杰，才华．费尔巴哈论基督教 [M]. 保定：河北大学出版社，2012.

贺麟．西方六大师 [M]. 北京：北京大学出版社，2010.

黑格尔．美学：第 1 卷 [M]. 朱光潜，译．北京：商务印书馆，2018.

罗蒂．哲学和自然之镜 [M]. 李幼燕，译．北京：生活·读书·新知三联书店，1987.

罗克摩尔．黑格尔：之前和之后 [M]. 柯小刚，译．北京：北京大学出版社，2005.

马克思．黑格尔辩证法和哲学一般的批判 [M]. 贺麟，译．北京：人民出版社，1955.

辛格．黑格尔 [M]. 张卜天，译．南京：译林出版社，2015.

---

① 罗蒂．哲学和自然之镜 [M]. 李幼燕，译．北京：生活·读书·新知三联书店，1987：389.

张慎．黑格尔传 [M]. 石家庄：河北人民出版社，1997.

中共中央马列著作编译局．列宁全集：第 38 卷 [M]. 北京：人民出版社，1959.

中共中央马列著作编译局．马克思恩格斯选集：第四卷 [M]. 北京：人民出版社，1995.

尼 采

丹麦童话作家安徒生曾说，魏玛不是一座有公园的城市，而是一座有城市的公园。它依偎在埃斯特山的怀抱中，矗立在伊尔姆河畔，从高处看去，整个城市淹没在深深浅浅的绿色中。每当人们提起这个位于德国中部图林根州的小城的名字时，一股浓重的文艺气息便会扑面而来，因为这个美丽的小城里有着诸多文化名人的生活印记。歌德、巴赫、席勒、李斯特等名人以及包豪斯大学等都是这个小城十分抢眼的文化艺术标签。而我们将要提到的这位“大家”虽闻名于全世界，却在魏玛城有些落寞，他就是西方现代哲学的开创者——尼采。这位德国哲学家、语言学家、文化评论家、诗人、作曲家、思想家在魏玛度过了一个“疯子”最后的 3 年时光。

1897 年，为了让尼采安心养病，妹妹带着尼采搬到了尼采好友梅塔所赠的洪堡街 36 号的一所别墅。或许是因为在魏玛时的尼采已经不能与人正常交流，他没有在这座城市留下太多印记，在这座小城南郊一隅的尼采故居显得较为安静，甚至有些冷清。别墅位于一座山丘的顶部，是包豪斯学校早期设计的建筑，虽然整体风格依然相对古典，但立面的设计已经有了几何的味道，因此整座建筑简洁朴实又不失大气。这里视野开阔，从二楼卧室的阳台上可以俯瞰魏玛城。尼采非常喜欢在阳台上休息，总是出神地望着窗外。他高高突起的颧骨透露着岁月的风霜，两撇厚厚的胡子覆盖着上唇，仿佛是一只老去的山羊在独自感伤。尼采去世后，这座别墅经过比利时建筑大师费尔德的改建，成为为数不多保存完好的“青春艺术派风格”的建筑，并成为尼采崇拜者的朝圣之地。

我们通常见到的尼采塑像显示的尼采的形象往往是硬朗的，他身材魁梧，额头宽大，须眉浓密，目光炯炯有神，微微上翘的嘴巴透出一丝桀骜。但其实，尼采后期的身体健康状况非常糟糕。他视力衰退，目光没有神采，又患有胃病以至于每天呕吐数次无法进食；他神经衰弱夜不能寐，越来越大剂量的安眠药也难起效用。他的身体如监测计一般敏感，温度、湿度甚至气压的变化都会让他反应强烈无所适从。尼采最悲情的时候，恰恰是他感觉最幸福、最有创造力的时刻。他曾说：“凡是不能消灭他的东西，都会使他

尼采故居（德国魏玛）

变得更加强大。”[1]正因如此，他才能为世界奉献出有着“高山之气”的伟大作品《查拉图斯特拉如是说》，尽管这部作品或许不像尼采自己狂傲所言的“超越了纯粹的德国人用德语所能成就的一切东西”[2]。但在充满氯醛味道的狭小空间里，尼采发出了令全世界颤抖的宣告：上帝死了！一切旧道德和价值观都应该被颠覆。

尼采对于宗教、道德、现代文化、哲学以及科学等领域提出了广泛的批判，被认为是西方现代哲学的开创者。英国学者史丹将尼采列为19世纪德国出现的三大思想家之一，另外两位分别是马克思和弗洛伊德，而弗洛伊德的精神分析理论很大程度上受到了尼采的影响。鲁迅非常推崇尼采，直言尼采是偶像破坏的大人物，“不单是破坏，而且是扫除，是大呼猛进，将碍脚的旧轨道不论整条或碎片，一扫而空”[3]。茅盾在《尼采的学说》中谈道：尼采思想最为卓绝的地方在于他把哲学上的一切学说，社会上的一切信条，一切人生观、道德观，重新称量过，从新把它们的价值估定。单就从尼采这种“重估一切价值”的思想来看……我们简直可以把尼采放在第一等的哲学家林内。

可是尼采并非天生的颠覆者，他是如何一步步走上颠覆的道路的，又到底在颠覆些什么呢？或许弄清楚这些问题，才是理解尼采哲学的开始。

“光”降人间

“天不生仲尼，万古如长夜。”这句用来称颂孔子的话用在尼采身上再合适不过了。尼采是一个自称“光”的人，他借查拉图斯特拉之口称赞太阳的丰厚积淀与伟大奉献。太阳在它沉落之际将积攒的最为丰厚的纯金般的光芒投向大海，让卑微的渔夫也能摇起金色的船桨。

---

① 尼采．瞧，这个人[M]．黄敬甫，李柳明，译．北京：团结出版社，2006：10.

② 尼采．瞧，这个人[M]．黄敬甫，李柳明，译．北京：团结出版社，2006：38.

③ 鲁迅．鲁迅全集：第1卷[M]．北京：人民文学出版社，1981：191.

同时他又认识到："假若没有被你（太阳）所照耀的一切，你的幸福何在！"[①]尼采正是要做这样一道清醒的光，划破千百年来暗夜重重的天空，用自己超前的思想照亮人类的未来。

1844 年 10 月 15 日，恰好是普鲁士国王弗里德里希的生日。当大街上的人们欢乐地为国王庆生时，一个牧师世家正在祈祷他们的孩子顺利降生。这个牧师世家本来就受到国王的照顾，这种巧合更令孩子的父亲兴奋，所以他给孩子起了弗里德里希·威廉·尼采的名字，以此来表达对与他同日诞生的伟大君主的尊敬。

出生在这样虔诚的宗教徒家庭中，尼采天生就与宗教结下不解之缘，小尼采的血液里流淌着幸福与宁静。唯一让父母担忧的是小尼采直到两岁半才会开口说话。即便学会了说话，他也常常只是睁着大眼睛默默地看着这个世界，仿佛在思考些什么。小尼采非常喜欢父亲给自己讲家族的故事，尤其是征战的故事，这让他有一种身份认同感。他以贵族后裔的身份为荣，时刻按照贵族的品行要求自己。在受到质疑的时候，他总会一本正经地说："伯爵尼艾茨基是绝不会说谎的。"即便是到了晚年，尼采也常以此自诩。

尼采虽然继承了家族坚韧、高贵的优良传统，但也遗传了父亲的体弱多病。尼采从小就体弱多病，那孱弱的身体把头衬托得有些大，拥有漂亮的眼睛却视力不好，还有些斜视，也会像父亲一样无故头疼。但不管身体怎样，尼采还是短暂地感受到了小孩子的幸福。

不幸很快降临到尼采头上。在他 5 岁的时候，他年轻的父亲因不慎滑倒，头磕在门前的石阶上而去世（一说是因家族遗传精神病、脑软化症）。仅仅几个月后，家里还没有从父亲去世的悲伤中缓过来，尼采刚 2 岁的弟弟便病倒，挣扎了几个小时后也去世了。而尼采对这一切似乎都有预感，他说他曾做了一个梦："梦里我听到了忧伤

① 尼采．查拉图斯特拉如是说[M]．杨恒达，译．南京：译林出版社，2007：1.

的风琴声，就像在葬礼上听到的一样。我正想试图探究这音乐的起因时，一座坟墓猛然裂开，从里面走出了我身穿寿衣的父亲。他穿过教堂，重回时怀里抱了一个小孩，接着坟墓再次裂开，父亲消失在里边，墓石重又移回原处。”[①] 接连的不幸让尼采深切地感受到了生命的脆弱和死亡的无常，因而变得孤僻而敏感。这时，尼采一家唯一的安慰便是上帝。父亲去世后，尼采一家住的牧师住宅被收回，他们只好举家搬到了萨勒河畔的瑙姆堡，靠一个在英国经商没有后代的叔叔的遗产维持生活。尼采的母亲和妹妹终日守着这个孤僻的孩子，使尼采的生活如贾宝玉般几乎只被女性团团围转，这或许是他阴柔气质形成的重要原因。

尼采故居

在瑙姆堡上小学时，尼采经常成为同学们欺负的对象。下课时别人在玩闹，尼采就躲在一边，安静地在草地上捧着圣经阅读，同学们便嘲弄他是“小牧师”。后来尼

① 宋海勇．重读先哲尼采[M].长春：长春出版社，2013：2-3.

采转学到私立学校，其间结交了威廉·平德尔和古斯塔夫·克鲁格两个好友，并和他们一起研习古希腊语和拉丁语，交流音乐，演奏乐曲，度过了一段美好的时光。尼采热爱音乐，也懂得欣赏音乐，在音乐方面有着极高的天赋。尼采一生中一直将音乐视为灵魂的寄托，因此他的作品都极富音乐性，比如他的诗作《威尼斯》《归乡》等。

1858年，尼采小学毕业后，得到校长奖学金资助从而进入名校普夫达中学继续学习。小学刚毕业的尼采已经开始了对深层次问题的思考，并写了一首诗《生活是一面镜子》。小诗人在这首充满哲理的诗中追问人的本质，初步显现出了一个哲学家的气质。

普夫达学校是一所历史悠久、管理严格的名校。学校的清规戒律使得尼采更加渴望自由，也使他变得更加孤僻。但有一件事却让同学们对这个默不作声、有着女性柔和气质的男孩子刮目相看。当时社会上流传着一个英雄故事，讲述的是罗马英雄穆奇乌斯被俘虏后，为展示自己的英勇不屈，将右手伸进了火堆里而面不改色的英勇事迹。同学们并不相信这样的故事，因为他们认为没有人会有勇气把手放进火里。尼采听了同学们的话后，并没有和他们争论，只是走到火炉边徒手从火炉中取出一块烧红的煤块。同学们被尼采吓到了，而尼采本人却镇定自若，非常自豪。他甚至用融化的蜡油滴到伤疤上，以让他的“勋章”更加醒目。学校放假期间，尼采去了魏玛旅行，那里自由的氛围激发了尼采的创作灵感。他在自己的文章中写道：“即使是在这美丽的世界里，也还存在着痛苦的灵魂！但是，痛苦又是什么呢？”①此时，尼采的思考更进了一步。当再次回到中学时，尼采开始写日记，一则是排解苦闷，二则是追问灵魂。“自从写这本日记以来，我的心境就已经和从前完全不同了。”②尼采被强大的求知欲抓住，并为自己制订出庞大的学习计划，其中包括宗教、天文学、植物学等相当繁杂的知识。

---

① 邵嘉骥．尼采传：上帝死了！[M]．北京：新世界出版社，2015：24.

② 哈列维．尼采传：我是太阳[M]．黄露，译．合肥：安徽人民出版社，2012：12.

故居正门

尼采从小就热衷思索，广博的阅读使得他渐渐感到恐惧，因为他好像感受到从小就浸润其中的宗教思想的力量在自己身上正在减弱。尼采最喜欢的作家是荷尔德林，在他看来，荷尔德林这位在当时籍籍无名的作家虽然学习的是神学，却最终抛弃了自己的宗教信仰，这是相当危险的。音乐是尼采学业外最大的兴趣，他推崇瓦格纳，只有瓦格纳才能安抚尼采不知所措的灵魂。1862年，尼采发表了《命运与历史》的演讲，对基督教的一些观点提出了质疑。对于深受宗教文化影响的尼采来说，提出这样的质疑无疑是非常痛苦的。他深知要破坏一件事物只是举手之劳，但要想有新的创造却难上加难。其实，此时的他也不能确定自己的想法是否正确，只是觉得传统宗教势力压抑了人心灵的本能，人们必须有强大的意志才能抵制这种侵蚀。

家族环境的影响使得幼时的尼采不可避免地成为虔诚的“小牧师”，而尼采的高贵与桀骜，以及广博的阅读与深入的思考使得他初步具备了哲学家的气质，对事情有自己的判断而不盲目屈从于权威。

“太阳”初现

1862年10月，尼采来到名校波恩大学继续深造。大学中的他烟酒不沾，相较而言，学术交流与水上泛舟更能给他带来身心的愉悦。不过他讨厌学术交流中同学们毫无感情地重复黑格尔、谢林的诸种理论，因为他觉得那种机械的重复使得原本伟大的体系失去了应有的力量。1865年,21岁的尼采在攻读了半年的神学和古典语言学后,毅然放弃了神学,专修古典语言学。这对于牧师世家出身的尼采来说，不啻为一种反叛的前兆。他在给妹妹的信中写道：“如果你要追求灵魂的安宁与幸福，那么你就去信仰；如果你想当一个真理的信徒，那你就去探索吧！”[①]此时的尼采已经认识到宗教并不是真理，他整日离群索居，冥思苦想。尼采出现了第一次精神危机。

在此期间，尼采遇到了他学术上的贵人——里奇尔教授，他后来跟随里奇尔教授转到了莱比锡大学，离开了与自己天性格格不入的波恩大学。在莱比锡尼采偶然寻得了自己思想上的导师——叔本华。一天，他在回租赁的宿舍的路上，路过房东开的小书店，在角落里翻到一本布满灰尘的旧书。这本书便是《作为意志与表象的世界》，它的作者叔本华已经去世5年却少有人知。翻阅几页后尼采掏钱买下了它，回去便陶醉其中了。叔本华在书中写道：“我相信一个人既想出了真实的东西，照亮了隐蔽的东西，那么，这些东西总有一天会被另外一个思维着的精神所掌握，会要和这精神攀谈，使他愉快，安慰他。我们就是对这样的人说话，如同类似我们的人们曾对我们说过话而成为我们在这生命的荒野上的安慰一样。”[②]尼采正是叔本华书中描写的要诉说的对象。尼采仿佛从书中看到了反映自己内心、生活，甚至整个世界的镜子，顿有觅得知

① 邵嘉骥．尼采传：上帝死了！[M].北京：新世界出版社，2015：40.
② 叔本华．作为意志和表象的世界[M].石冲白，译．北京：商务印书馆，2011：12.

音之感。他终于找到了与自己心灵契合的世界，两颗伟大的心灵隔着时空产生共鸣。叔本华认为，世界是被链条般的法律牵引着而不是由万能的神所掌控的，人们投入生活的盲目意志才是世界的永恒本质。尼采终于不再为自己年轻而危险的思想感到害怕，他有了并肩作战的“战友”。叔本华认为，人的欲求永远得不到满足，世界也便难摆脱痛苦，这种唯意志论的悲观主义影响了当时的尼采，所以尼采才会在洛伊施的山顶上，在暴雨中平静地看农民宰杀两只羔羊。

在尼采安心进行学习研究时，生活上的变化突然而至。虽然他视力不好不用服兵役，但一次紧急招兵还是把尼采给调到了瑙姆堡的炮兵团。不幸的是尼采在一次出行时从马背上跌了下来，肋部受到重创。他虽然身体受伤，需要忍受巨大的疼痛，但却因此重新拥有大学的自由生活，并结识了自己灵魂的安慰者——音乐大师瓦格纳，也算是因祸得福。尼采没想到自己中学时期就崇拜的大师有一天会成为自己的忘年之交。瓦格纳年长尼采31岁，此时的事业正如日中天。一次偶然的机会，瓦格纳的妹妹向在她家中隐居的哥哥瓦格纳推荐了里奇尔教授的夫人，而里奇尔夫人告诉瓦格纳她是受到学校一个天才影响才熟悉理解瓦格纳的作品的。瓦格纳便对这位年轻的小伙子产生了兴趣并约见了他。尽管这次见面十分匆忙，但是依然给尼采带来了不小的触动。

后来，在里奇尔教授的推荐下，尼采还没有修完学业便前往瑞士的巴塞尔大学担任教职，并于1870年被评为正教授。在搬到巴塞尔不久，尼采宣布放弃他的普鲁士国籍，从此保持无国籍人士的身份一直到去世。虽然如此，当听闻普法开战时，他义无反顾地再次走向战场，成为一位医疗兵。战场上的残忍让尼采更真切地体会到生活与悲剧的深渊——幻想、意志、苦恼，同时促使了尼采权力意志思想的萌发。本来就体弱的尼采被伤员传染疾病而不得不退出战场回到瑙姆堡，后又返回巴塞尔大学。此后，尼采长期靠麻醉药度日。

尼采在巴塞尔大学最大的收获，应该是可以与在距离巴塞尔不远的特里伯森隐居的瓦格纳频繁来往。在尼采的心中，瓦格纳像神一般完美，

故居内景

尼采深深被瓦格纳那伟大高尚的灵魂和独特强烈的个性所吸引。尼采对瓦格纳的赞许，不仅仅是因为音乐带给他的陶醉，很大程度上在于瓦格纳对宗教和悲剧的认知。在尼采看来，瓦格纳的《国家与宗教论》充满着叔本华式的悲观主义精神。瓦格纳希望复兴悲剧，尼采也从瓦格纳身上看到了悲剧复兴的希望。正是在叔本华与瓦格纳的影响下，一本旷世之作诞生了,这便是《悲剧的诞生》。本来尼采是想写书论述他所推崇的希腊精神，但恰逢瓦格纳歌剧事业上遭遇失败（《莱茵河畔的金子》《女武神》在德国演出失败），尼采便将瓦格纳对音乐的认知融入其中，希望能够帮助瓦格纳重新振作起来，使他看到艺术的希望，并坚定“艺术是生命最高追求”的信念。在《悲剧的诞生》中，尼采认为希腊人对痛苦十分敏感，而正是对痛苦的特殊感知使得希腊人能在承受痛苦的同时感受快乐，他们绝对不是悲观主义者。尼采还认为希腊神话肯定了痛苦存在的意义，即让人明白痛苦是无法避免的，但人们必须笑脸相迎，而神被创造出来，是为了人能更好地生存。在尼采看来，象征着沉醉、感性的狄奥尼索斯精神是希腊神话的核心，几乎所有英雄的身上都能看到狄奥尼索斯的影子。席勒在《墨西拿的新娘》中讲到，真正的悲剧作品不能单纯地为了描绘悲剧而生，而应在描绘悲剧的同时展现出强大的生命意志，从而给人以强大的鞭策和激励。尼采很赞成席勒对悲剧的解释，认为那才是悲剧的价值所在。在尼采看来，希腊悲剧的没落就是一场文化灾难，这场灾难的指使者是苏格拉底，执行者是欧里庇德斯。因为悲剧本和抒情同源，苏格拉底用自己的理论嘲笑悲剧作家，借柏拉图之口让普通人相信大自然中奇妙的幻觉也只是人类的一种理念,用所谓的“理性”破坏了古希腊人天性中的抒情成分，使得欧里庇德斯这个悲剧作家成了希腊悲剧的掘墓人。欧里庇德斯为了维护希腊悲剧的正统地位而对悲剧进行了世俗化的改造——让观众走向舞台。这样一来，观众走向了与演员同等的地位，开始以置身事外的角度用理性分析悲剧而不是全心接收从舞台上所迸发的激情与冲动，早期古希腊人那种在欣赏戏剧时的癫狂，甚至迷幻的状态不复存在，悲剧的效果大打折扣，因而悲剧不可避免地走向没落。

故居大厅

1872 年《悲剧的诞生》出版，自信满满的尼采本以为自己呕心沥血创作的大作必将在学术界以及社会中掀起滔天巨浪，却没料到外界根本就没有反应。他写信给恩师里奇尔教授,却只得到三个字的回复——自大狂！最终他在学术刊物上看到的评论是：不管作者是谁，当他写了这本书之后，他的学术生涯就算结束了。尼采仅有的维护者是他的好友罗德，罗德把《悲剧的诞生》当作哲学和艺术方面少有的杰作。因为《悲剧的诞生》一书，尼采得罪了哲学界和语言学界的人士，他在学校的声誉也一落千丈。尼采在巴塞尔的学生也弃他而去，他所开设的希腊文和拉丁文修辞课程只剩下两名学生。面对突如其来的失败，尼采一下子无所适从。或许此时他能想到的依靠就是瓦格纳，可此时的瓦格纳正忙着搬家。3 年前阳光明媚的春天，尼采怀着激动忐忑的心情来到特利伯森拜访了瓦格纳。特利伯森是尼采来到巴塞尔之后与瓦格纳第一次相聚的地方，也是《悲剧的诞生》的构思地，而现在这里将要人去楼空。这 3 年因为有瓦格纳的陪伴，尼采无疑是快乐的。尼采来到特利伯森，瓦格纳夫妇正在进行最后的打包工作。当尼采再次见到瓦格纳的时候，是在拜罗伊特大剧院的奠基仪式上，瓦格纳身着华丽的服装在各界名流中穿梭，几乎挤不出时间来寻找尼采这个瘦弱的身影。似乎没有什么东西比突然间意识到朋友之间产生了隔阂更伤人了，虽然尼采早该有所准备。当尼采第二次从战场伤退时，当他再见到瓦格纳的时候，瓦格纳仿佛已经没有了身处逆境时的精神高度，他当时的快乐里掺杂着一丝庸俗。普鲁士的胜利与德国的统一让瓦格纳改变了以往对德国的敌意。可在尼采看来，普法战争的胜利并不是德国文化的胜利，他依然不喜欢当时的德国。

在常人看来，身体饱受病痛折磨又事业失意的尼采是何其悲哀，而尼采却没有消沉。在他看来，一个处在痛苦中的人没有悲观的权利，他只能孤独地保持沉默，等待属于自己的春天到来。果然，当一个人到达运气的最低点时，好事也快要临近了。《悲剧的诞生》遇冷，尼采被主流社会边缘化之后，也有更多的时间静下来思考自己想要做的事情。他继续在巴塞尔大学任职，同时开始了对古希腊哲学深入系统的研究。两年的积淀使得尼采在哲学思想和对自身的认知上有了极大的进步，这为他成为真正的哲学大师奠定了坚实的基础。1873 年到 1874 年，尼采接连写作出《不合时宜的考察》的前三部——《忏悔者和作家大卫 · 施特劳斯》《历史对人生的利与弊》《作为教育家的叔本华》。《忏悔者和作家大卫 · 施特劳斯》在刺痛德国文化界的同时也打击了德国民众的自尊，刚出版就引起社会各界的强烈反响。在《历史对人生的利与弊》中，尼采对德国的历史文化进行了深入批判，抨击了黑格尔等“以史为主”的研究方法。这部著作尽管没有第一部那么受关注，但还是受到一些学者的真诚肯定，这给了尼采创作的动力。在《作为教育家的叔本华》一书中，尼采提到人的两面性，一面是本性，一面是对本性加以掩饰后的社会性，这或许直接影响了弗洛伊德的“本我”与“自我”。尼采认为人应当活出自己的本真，这样才不算浪费生命，但想要做到这一点首先得有足够的勇气，有能力为自己的行为负责。教育正是要将学生引向这样一条利于个性和天赋发展的道路。为了给迷茫中的德国人指明方向，尼采在1876年创作了《不合时宜的考察》第四部——《瓦格纳在拜罗伊特》，先是对瓦格纳进行歌颂——那是尼采心中完美的瓦格纳，后又对那个在现实中妥协的瓦格纳进行批判。尼采认为，瓦格纳在获取王室的支持并拥有极高的社会地位后，在观众的喝彩中迷失了自我。尼采依然敬重瓦格纳，他批判瓦格纳只是希望瓦格纳能醒悟，而且他还去信解释自己并无恶意。可尼采的好心劝告并没有得到友善的回应，瓦格纳给他寄来一封音乐剧《尼伯龙根的指环》的邀请函，其实也是一封挑战书。瓦格纳的邀请信写得那样官方，没有了以往的亲切自然。尼采虽然感受到这份隔阂，但依然选择前往拜罗伊特。此时的尼采身体状况已经很糟糕，常常发烧、头痛、干咳、胃痉挛，有时眼睛浮肿得无法看书写字，只得请人代读代写。尼采的这次前往，带着告别的意味。拜罗伊特剧场里廉价的喝彩与铜臭味的喧嚣以及舞台上没有灵魂的表演让尼采无法忍受，他对瓦格纳失望了。他开始构思《人性的太人性的》，准备与瓦格纳分道扬镳。可是瓦格纳从不正面回应尼采的批判，也不对尼采发起正式的攻击，因为尼采批判他市侩，他却认为尼采只是太天真。直到瓦格纳歌颂基督教的作品《帕西法尔》问世，尼采终于忍无可忍，在重病的折磨下以口述的形式请弟子兼朋友彼得·加斯特先生

故居大厅仍然保持着原来的样子

尼采塑像

代写了《人性的太人性的》一书并出版。在此书中他明确地抛弃了瓦格纳和叔本华的哲学，宣告了他与瓦格纳之间友谊的终止，此年是1878年。

青年的尼采在学术上表现出独特的天赋，系统而专业的学习让他坚信了自己对“上帝”的质疑。对音乐的热爱与心灵上的契合使尼采遇到了他钟爱的好友瓦格纳，但在他眼里瓦格纳渐渐被世俗染色，在朋友与真理之间，尼采忍痛选择了后者。

爱情“黑夜”

尼采对于女性的认知，几乎仅仅来自自己的母亲与妹妹。虽然骨子里尼采也需要爱情，但由于身体的病痛与一般人难以企及的思想高度使得他很少真正接触别的女性。久而久之，所谓的爱情便在尼采的眼里成为神圣不可侵犯的字眼，在稍有好感的异性面前他常常手足无措，失去了一贯的勇敢品质。尽管由于尼采学术成就卓著，不少女性对其崇拜有加，但孤傲的尼采总是保持着高姿态，令人难以亲近。

直到1876年，这一年正是尼采创作《瓦格纳在拜罗伊特》之时，他与最爱的恩师、朋友瓦格纳间的嫌隙越来越大，尼采心中的落寞可想而知。尼采来到日内瓦湖畔疗养，在朋友冯·森格的推荐下结识了特兰贝。特兰贝是一位23岁年轻漂亮的荷兰女学生，她早对尼采的学术造诣有所耳闻，在实际的相处中更是被尼采的学识与人格魅力深深吸引。与特兰贝的相处让尼采暂时忘记了身体的苦痛与心灵的煎熬，他感觉自己好像恋爱了，如果哪天特兰贝没来拜访，尼采就会焦躁不安。尼采越是意识到爱情的萌动，就越是无所适从，对特兰贝有些刻意回避，不再像以往那样谈笑风生。休假毕竟是短暂的，特兰贝终要离开。尼采慌了，他把苦闷告诉冯·森格，森格建议他写一封表白信。这是怎样的一封表白信啊，简直就是对学生的调查函！“你昨晚给我写了一封信，出于礼貌，我也想写点东西给你。……请你一定要想清楚，并尽快做出决定，无论同意还是反对。”[①] 尼采这样居高临下地去表明自己的爱，仿佛爱里掺杂着别的杂质，着实让人不舒服。只有尼采自己知道，他是害怕被拒绝，他更希望保持贵族姿态，好让特兰贝反过来追自己。无疑，这次尼采的打算落空了。

虽然尼采已过而立之年，但他在爱情方面表现得却相当幼稚，加上从小生活环境的影响，尼采在爱情方面或许有些恋母情结。在向特兰贝表白之前，尼采心中一直都有一个暗恋的对象，那就是他的挚友、老师瓦格纳的妻子科西玛。科西玛有着显赫的出身，她的父亲是著名音乐家李斯特。她气质高贵、容颜姣好，且对尼采倍加照顾，细心程度简直超过了他的母亲。科西玛就是尼采的理想女神，她给尼采带来无限美好，也带来了无尽痛苦。暗恋中的尼采只得通过艺术表达自己的心意，他将自己视为酒神狄俄尼索斯，将科西玛当作酒神的爱人阿里阿德涅，在《夜歌》与《阿里阿德涅的悲叹》中诉说：“我是太阳，我把力量和光芒赐予世人，自己却得不到爱的照耀和温暖。”在希腊神话中，克里特岛国王米诺斯的女儿阿里阿德涅与雅典王子忒修斯一见钟情，在忒修斯陷入迷宫时阿里阿德涅帮助其脱离困境，但忒修斯却无情地抛弃了阿里阿德涅。酒神狄俄尼索斯在阿里阿德涅伤心欲绝时将她接到了自己的小岛上，从此开始了幸福的生活。尽管世人已经明白了这个公开的秘密，但科西玛始终未对尼采做出回应，最终尼采也选择了逃避。尼采的高傲与自卑让他面对爱情时如发疯的公牛般乱撞，又似鸵鸟般埋起脑袋。

---

① 邵嘉骥．尼采传：上帝死了！[M]．北京：新世界出版社，2015：133.

唯一一个真正走进尼采情感世界的女人，也是对尼采后期哲学创作影响最大的那个女人，她叫露·安德烈亚斯·莎乐美。1880 年秋，莎乐美带着被爱情所伤的心来到苏黎世，结识了尼采的朋友保尔·瑞。瑞很快就抚平了莎乐美的伤痛，两人走到了一起。可由于瑞的母亲反对，瑞只好先选择去上大学，并把莎乐美安排在尼采门下，这样两人就可以暂时逃离母亲，但瑞并没有告诉尼采自己和莎乐美的关系。尼采面对这样一位 20 岁出头、集美丽与才华于一身的姑娘，怎会不动心呢？他把自己的爱意告诉了瑞，瑞不想破坏他们间的友谊，所以瑞没有表态，只是期待着莎乐美的反应。尼采给莎乐美上了第一堂课之后，莎乐美被尼采的才华深深折服。尼采也为有这样一个能与自己产生思想共鸣的女孩感到兴奋。当莎乐美知道尼采的心意后十分震惊，因为她内心是喜欢瑞的，尼采只是一个很好的老师，她想向尼采说明心意又想留在尼采身边学习。最为纠结的是瑞，他既不想对莎乐美放手，又怕虚弱的尼采承受不了真相。在与莎乐美的归国旅行期间，尼采感觉到瑞与莎乐美的关系并不一般，但此时的尼采准备和瑞进行公平竞争。尼采放下高傲的姿态对莎乐美殷勤备至，并趁机用强大的语言表达能力将莎乐美“诱骗”至美丽的乡间教堂。在美景的陶醉下，热情奔放的莎乐美与眼前这位魅力十足的尼采接吻了。尼采终于感受到热恋的滋味，兴奋得如孩童，并灵感迸发写下爱情诗《圣马可的白鸽》。可惜尼采高兴得有些早，因为莎乐美只是一时冲动，等回到旅馆面对瑞时，一切都恢复平静。在瑞士的卢塞恩，莎乐美开始刻意与尼采保持距离，但尼采还是想方设法争取爱情。他邀请莎乐美去一家有名的照相馆，

明媚的阳光照亮故居的每个角落

因为担心莎乐美拒绝便也邀请了瑞。尼采让莎乐美坐上小马车，而将绳索套在瑞和自己的身上，莎乐美手里还拿着尼采自制的鞭子。这张让尼采和莎乐美都享受无比的照片，解释了《查拉图斯特拉如是说》中的名言："你到女人那里去吗？不要忘了带着你的鞭子。"[①]虽然莎乐美最终选择跟瑞走了，但她却给了尼采最难忘的爱情体验。当这场在尼采的心里轰轰烈烈的爱情结束时，伟大著作《查拉图斯特拉如是说》的种子也被悄悄撒下。

尼采的爱情世界是黑暗的，虽然偶尔有一束爱之光照射进来，但都是晃一下就马上消失，这让尼采更觉悲凉。好在尼采将温暖过后的苍凉都化成了胸中神圣的"高山之气"，注入自己的哲学思考中，如此才将"爱情上的矮子"造就成了"思想上的巨人"。

永恒的"太阳"

1879 年 5 月，严重的眼疾使得尼采不得不终止大学的教授生涯，开始到各地旅居休养，十年间辗转于意大利的威尼斯、都灵、热那亚，法国的尼斯，瑞士的巴塞尔等地。在常人看来，这时尼采的生命力几乎到了最弱的时候，而尼采却认为病痛是生命有力的兴奋剂。这十年也确实是尼采的丰收期。他从不怨恨，因为没有什么东西比怨恨更能消耗人的精力了，由虚弱而产生怨恨，受损害最大的莫过于虚弱者本人。正是这样的生命认知与尼采之前的学识积淀使得他能在作为哲学家的最后十年里不断创造出伟大的作品，放射出强烈的光芒，成为永恒的太阳。之所以说作为哲学家的最后十年，是因为对于一个哲学家来说，不再思考便是生命的结束，作为哲学家的尼采在 1889 年 1 月在都灵精神错乱时便已"死亡"。

---

① 尼采．查拉图斯特拉如是说[M].余鸿荣，译．哈尔滨：哈尔滨出版社，2015：51.

1880年，在意大利的热那亚，尼采整日在纯净的拉帕罗海湾对着海风沉思，与大海的“商讨”使他更加清楚灵魂深处的秘密。《曙光》正是在那间阴郁的小旅馆中伴随着尼采剧烈的头痛与胃痛完成的。尽管《曙光》诞生于孤独和黑暗的环境中，但却指引着人们走向自由和光明。这本书是尼采反道德战役的开始，却没有浓重的火药味，因为尼采只想做一把钓钩，让人类自己看清道德的本质是什么。尼采并非反对道德本身，而是反对制定道德并利用其满足自身私欲的伪君子们。所谓“非个人的”“忘我的”“无私的”等道德术语，都是“为了厨师和其他基督教徒同道人的幸福”。①

1881年，尼采在美丽的西西里岛疗养，他从当地少数民族自由的生活中受到启发，写下《快乐的科学》。此书是《查拉图斯特拉如是说》的序曲，它把深刻的思想与戏谑的语言融为一体，呈现出尼采关于超人意识、权力意志等重要哲学思想。虽然名字是“快乐”的，但尼采并非要赞颂科学，他依然是反科学的斗士。人类的研究目的是追求快乐，但必须有人承受研究的痛苦。为了人类的“至乐无上”，伟大的哲学家宁愿“悲伤至死”。尼采反对科学的“自然律”，比如当我们看到漂亮的女孩时精神会为之一振，或许还会展开联想将自己带入美妙的境地，这种感觉多么令人向往！可如果用科学解释，美丽之花会立刻枯萎，因为从自然律的角度来讲，这是种族延续的必然。为了推翻科学，尼采还提出了“上帝已死”“价值重估”等观念，让我们感到著书立说的尼采是何等冷酷，而实际上见过尼采本人的人无不说他是一位温文尔雅的绅士。

1881年7月，由于受不了威尼斯的炎热，尼采移居瑞士阿尔卑斯山谷中的西尔斯·玛丽亚。8月，当尼采在西尔斯湖畔茂密的丛林中散步时，偶然遇见一块雄伟的锥形石，他在这块岩石旁驻足沉思，突然感

---

① 尼采．瞧，这个人[M].黄敬甫，李柳明，译．北京：团结出版社，2006：26.

悟到永恒轮回的法则，在纸上简洁地写下“高于人类和时间 6000 英尺”的话语。那里便是《查拉图斯特拉如是说》萌生的地方，那块岩石也被追命为“尼采石”。《查拉图斯特拉如是说》主要是 1883 年到 1885 年尼采先后在意大利离热那亚不远的拉帕罗海湾和法国的尼斯写作完成的。时逢拉帕罗海湾的雨季，这里终日细雨霏霏，尼采独自在海边冒着小雨散步，因为他太需要新鲜空气了。在海边条件极差的小旅馆内，夜晚的涛浪声使尼采无法入眠，但即使这样恶劣的环境也没能阻挡《查拉图斯特拉如是说》的诞生。这本书让尼采历经磨难，虽然每个部分的完成都不超过十天，但四个部分的完结却长达两年。尽管身体与思考的痛苦让尼采几欲死去，但他很清醒这是必然之路，因为“一个人要成为不朽，就要付出昂贵的代价：在世时要为此死过几回”①。

尼采宣告“上帝死了”，而且是有多种死的方式，或被傻子杀死，或被无法忍受上帝怜悯的丑八怪刺死。在《查拉图斯特拉如是说》中，尼采用“超人”取代“上帝”，但这样的“超人”不需要崇拜，也绝不是一个“好心人”，因为他站在道德的对立面上。他不相信人人平等，也不会对人怜悯，因为上帝所宣扬的人人平等只不过是迷惑民众的毒药，最专制的君主恰恰将人人平等的口号喊得最响。相信众生平等会让人陷入抱怨和愤恨而不是发展自己的本能，而怜悯只不过是在不幸者的痛苦之上加了怜悯者的痛苦。“超人”充满强大意志和冒险精神，他能认清现实的本来面目，却又强大到不会疏远现实，在他身上有着现实的一切疑惑和恐惧。虽然成为“超人”很难，但人类要为“超人”的到来做准备。《查拉图斯特拉如是说》的终极思想是永恒轮回。尼采书写了人生的三种境界——骆驼、狮子、小孩。这三者分别是顺从、忤逆、自主的象征，共同构成了每个人，甚至历史发展的永恒循环。如果不能用强大的主观意志做保证，永恒轮回会有把一切归为虚无而颓废的危险。尼采的可贵之

① 尼采．瞧，这个人[M]．黄敬甫，李柳明，译．北京：团结出版社，2006：120.

处在于强调人的生命和主观意志，即万物从毁灭走向重生看似毫无意义，但是人毕竟身处其中，因此就要以狄俄尼索斯精神去爱，去舞蹈。所以他借查拉图斯特拉之口说："每一个不曾起舞的日子，都是对生命的辜负。"[1]这正如萨特等存在主义哲学家对人的期待——在没有意义的世界里创造意义。

在《查拉图斯特拉如是说》之后，尼采紧接着创作出《善恶的彼岸》。在这本书里，他对现代科学、艺术、政治等几乎一切这个时代引以为豪的事物提出质疑，为此后的否定性批判任务勾画了轮廓。1887 年 8 月，还是夏季的西尔斯 · 玛丽亚便开始飘起雪花，恩加丁山已经成白茫茫一片，整个世界仿佛都被冰封了，静寂无声。尼采所住的旅馆中的客人们渐渐离去，只剩他自己如苦行僧般进行着思想的博弈。他的灵魂高高在上，无人理解的孤独比身外的寒风更让人难以忍受。尼采的病情越来越严重，漫天雪花似乎是上天给尼采最后的风景，于是他带着与病魔抗争的痛苦与激情创作了《道德的谱系》。在接下来的一年，也就是 1888 年，尼采飞速完成了《瓦格纳事件》《偶像的黄昏》《敌基督者》《尼采反对瓦格纳》等著作。在西

故居庭院中的桌椅

① 尼采．查拉图斯特拉如是说 [M]. 徐枫，译．北京：群言出版社，2015：176.

尔斯·玛丽亚的最后一个夏天，他仍以与死神赛跑似的勤奋创作了巨著《权力意志》（此书最后由其妹妹伊丽莎白整理出版）。在尼采44岁生日时，他决定写一本自传梳理自己的思想脉络，这本自传以旁观者的视角被定名为《瞧，这个人》，书里充满着不被理解的自嘲之感，而书中的内容却彰显着尼采的狂傲。

1889年1月3日，尼采游走在都灵的阿尔贝尔托广场上，忽然见到不远处一个马夫正在用鞭子狠狠地抽打马背。尼采望见马痛苦无助的眼神后突然冲向马匹，抱着马头痛哭，但他被受惊的马撞倒在地，当场便昏了过去。等到尼采醒来时，他已经精神错乱，5天后被送往巴塞尔的精神病院。1893年，尼采丧失了行动能力，只能在轮椅上发呆。1897年的复活节，尼采慈爱的母亲去世，妹妹伊丽莎白将尼采从瑙姆堡接到魏玛照顾。1900年8月25日，尼采在魏玛的别墅里告别了这个世界。

尼采可谓西方哲学史上的一朵奇葩，对于他的评价一直差异很大，有人将他称颂为伟人，有人却只当他是疯子。或许伟大的人和事物总是备受争议，幸运的是尼采在今天得到了更多人的理解。无论如何，尼采在哲学史上的影响不可小觑。他是诸多哲学流派的奠基人，因此也被称为西方现代哲学的创始人。他的生命哲学将哲学研究的主题吸引到生命主体上，这在哲学史上具有划时代的意义。他的思想直接影响了同时代著名的精神分析理论创始人弗洛伊德，启发了他对潜意识的分析。尼采同样是现代哲学的重要流派——存在主义的先驱，他那些反理性学说是存在主义思考人生困境的重要思想来源。美国著名哲学家阿诺德·考夫曼说："的确，他的影响力及于德、法的整个文学界和思想界。雅斯培、海德格和萨特的存在主义只不过是这多方面影响的一面而已。"[①]也难怪，人们会将尼采视为现代哲学的"开山鼻祖"。

① 考夫曼．存在主义[M]．陈鼓应，孟祥森，刘崎，译．北京：商务印书馆，1987：98.

掩映在绿树中的尼采故居

尼采在世时经受着身体的病痛和心灵的孤独的双重折磨，从世俗的角度看，尼采的一生几乎是悲惨的，毫无快乐可言。但越是在身体与心灵痛苦的时刻，越是尼采创作的高峰时刻，痛苦已然成了尼采思想与创作的源泉。正是那些不能将尼采打倒的厄运，使得尼采愈发强大，最终达到常人难以企及的高度。从这个角度看，尼采又是幸福的。但是这种幸福只有足够坚强的人才能获得，须如尼采般坚持对真理的追求，哪怕承受反反复复的生命之苦。当我们拥有强大的意志力时，方能化冰雪为暖阳，化逆境为顺境，笑对当下，不惧未来。让我们重温这句话，向弗里德里希·威廉·尼采致敬："一个人要成为不朽，就要付出昂贵的代价：在世时要为此死过几回。"①

（撰稿：成志雄）

① 尼采．瞧，这个人[M]．黄敬甫，李柳明，译．北京：团结出版社，2006：120.

参考文献

弗洛伊德 . 梦的解析 [M]. 高申春，译 . 北京：中华书局，2013.

哈列维 . 尼采传：我是太阳 [M]. 黄露，译 . 合肥：安徽人民出版社，2012.

考夫曼 . 存在主义 [M]. 陈鼓应，孟祥森，刘崎，译 . 北京：商务印书馆，1987.

鲁迅 . 鲁迅全集：第 1 卷 [M]. 北京：人民文学出版社，1981.

茅盾 . 茅盾全集：第 32 卷 [M]. 北京：人民文学出版社，2001.

尼采 . 尼采诗集 [M]. 周国平，译 . 北京：中国文联出版公司，1986.

尼采 . 瞧，这个人 [M]. 黄敬甫，李柳明，译 . 北京：团结出版，2006.

尼采 . 查拉图斯特拉如是说 [M]. 杨恒达，译 . 南京：译林出版社，2007.

尼采 . 查拉图斯特拉如是说 [M]. 余鸿荣，译 . 哈尔滨：哈尔滨出版社，2015.

尼采 . 查拉图斯特拉如是说 [M]. 徐枫，译 . 北京：群言出版社，2015.

萨特 . 存在与虚无 [M]. 陈宣良，等译 . 北京：生活 · 读书 · 新知三联书店，2014.

邵嘉骥 . 尼采传 · 上帝死了 [M]. 北京：新世界出版社，2015.

叔本华 . 作为意志和表象的世界 [M]. 石冲白，译 . 北京：商务印书馆，2011.

宋海勇 . 重读先哲尼采 [M]. 长春：长春出版社，2013.

弗洛伊德

奥地利的首都维也纳，坐落于多瑙河南岸，依山傍水，风景宜人。它处于欧洲的中心位置，连接东西欧，是一座有着悠久历史的国际性城市。维也纳在新石器时代已有人居住，公元前500年凯尔特人在这里建立了居民点，公元1世纪这里发展成为罗马帝国的要塞，12世纪成为奥地利的首都，也是后来解体的奥匈帝国的首都。作为一座音乐和文化之城，这里孕育和吸引了一大批杰出的作曲家、演奏家和指挥家："维也纳古典乐派"在这里创立，舒伯特、施特劳斯父子在这里诞生，贝多芬、海顿、莫扎特等著名音乐大师在这里长期生活和创作。在维也纳九区的山巷19号，耸立着一座18世纪的老式建筑，外墙壁上悬挂着奥地利国旗，那就是著名心理学家西格蒙德·弗洛伊德的故居。

1856年5月6日，弗洛伊德出生于奥匈帝国摩拉维亚省弗莱堡镇一个犹太毛织商人家庭。当弗洛伊德3岁时，由于父亲的生意受挫，全家迁往莱比锡寻找新的商机。过了一年，又因经济原因移居维也纳。在学术、艺术与文化勃兴喷发的"世纪末的维也纳"，弗洛伊德长大成人，读完大学，开办诊所，结婚生子，开创了精神分析学派，并将其发扬光大。到纳粹吞并奥地利为止，弗洛伊德在这个城市居住了 78 年，其中在维也纳九区的山巷 19 号生活工作了 47 年。

弗洛伊德故居如今已经成为弗洛伊德博物馆。走进弗洛伊德博物馆的红色大门，穿过幽深的过道拾级而上，二楼便是弗洛伊德当年的诊所。二楼走廊尽头摆放着一个玻璃橱窗，里面展览着弗洛伊德使用过的手杖、衣帽、旅行箱等物。第一个房间是候诊室，深红色的家居布景营造出温暖放松的氛围。第二个房间是诊疗室，窗边放置一张写字台，写字台旁边摆放着弗洛伊德的女儿马蒂尔德专门为他定制的椅子；椅子旁边是供病人躺卧的长沙发（仿制品），以便病人放松地回忆梦境、追忆往事。弗洛伊德便是以这样的方式记录病症并进行精神分析来治疗病人的精神疾病的。再往里面的房间是当年弗洛伊德的书房，现在陈列着他童年、青年时期以及其家族的照片，同时也陈列着来自世界各地的弗洛伊德译著。这些房间摆件丰富，其中很多是弗洛伊德收集的来自埃及、希腊、中国等地的古董文玩。

弗洛伊德博物馆的书房最能反映他当年的知识背景和工作场景。书

弗洛伊德故居（奥地利维也纳）

房内陈列了达尔文、赫胥黎的进化论书籍以及关于心理学、语言学、性学，还有历史、宗教、神话起源等门类的书。从其大量的藏品和藏书中，我们可看出弗洛伊德对古代世界和古典文化的迷恋。特别是书柜中央摆放的歌德、席勒、莎士比亚的作品，我们从其摆放位置就可以看出这些都是弗洛伊德当年常看的书。拥有深厚文学素养的他在进行精神分析研究的时候常常对文学案例信手拈来，如分析莎士比亚的《哈姆莱特》发现了俄狄浦斯情结，分析陀思妥耶夫斯基的《卡拉马佐夫兄弟》一书后写下了随笔《陀思妥耶夫斯基与弑亲者》等。而书柜中所藏海涅、罗曼·罗兰的著作可反映其政治、宗教态度。

直到今天，与莫扎特、贝多芬、舒伯特、勋伯格等音乐家故居相邻的维也纳弗洛伊德故居，虽布置简陋，其主人一生云烟散尽，但它静静地迎接着世界各地络绎不绝的瞻仰者，因为精神分析学派的影响早已由心理学内部扩散开来，辐射到诸多学术领域。

虽然是欧洲的政治、经济和文化中心，但维也纳在历史长河中饱受磨难。特别是第二次世界大战期间，维也纳被德国占领，奥地利遭到大轰炸，许多犹太人在纳粹集中营中被迫害。1938 年，有着犹太人身份的弗洛伊德在动乱中被迫流亡。已 82 岁高龄的弗洛伊德在国际精神分析学会的高斯以及希腊—丹麦王妃玛丽·波拿巴特等朋友的帮助下带着几乎所有家当（藏书、文物、家私等）同妻子玛莎、女儿安娜一起飞往英国伦敦，先是到郊外的汉普斯特避难，后定居于伦敦梅尔斯菲尔德花园 20 号。1939 年弗洛伊德病逝。

弗洛伊德虽然已经逝去，但他开创的理论和方法却在继续深刻而广泛地影响着整个世界。20 世纪以来，凡是与人类精神生活有关的科学文化活动以及探讨人的本质的形形色色的理论学说，或多或少都烙上了弗洛伊德的印记。美国心理学家 T. H. 黧黑曾说，如果一个人的伟大程度可以用他对后世的影响来衡量，那么弗洛伊德无疑是最伟大的心理学家。几乎没有一项有关人性的问题他没有触及过。他的学说影响了文学、哲学、神学、伦理学、美学、政治学、社会学和流行心理学……弗洛伊德、达尔文和马克思可算是20世纪西方思潮的三位先知。[①]

身份："犹太人"

有人说过，在近100年的人类历史上，至少有三个犹太人曾对人类的发展做出了划时代的贡献，他们就是马克思、爱因斯坦和弗洛伊德。"犹太人"的身份影响了弗洛伊德，也塑造了弗洛伊德。

弗洛伊德的父亲名为雅各布·弗洛伊德，母亲名为阿玛莉·纳丹森，家中还有两个同父异母的哥哥和两个同胞弟弟以及五个妹妹。弗洛伊德出生时，父亲已40岁，且做了祖父，母亲是父亲的第三任妻子，只有20岁。聪明伶俐的母亲是位慈善而虔诚的犹太教徒，给予了弗洛伊德特别的宠爱和关怀。而严厉的父亲也以自信、乐观、坚强而单纯的性格深深影响了他，使他继承了犹太人自强不息、勇于反抗的民族性格。

弗洛伊德的曾祖父和祖父都是犹太教的教士，弗洛伊德对自己的犹太人身份非常认可。由于出生在传统的犹太人家庭，因此"犹太人的文化传统、生活习惯、思维方式，特别是在漫长岁月中所遭受的歧视、侮辱和压迫，不仅成为弗洛伊德一生成长的精神动力，而且始终影响着弗洛伊德的生活和科学研究的道路"[②]。9岁前，弗洛伊德的启蒙教育是由父母在家进行的，他接受的是宗教教育和犹太民族传统教育。9岁时，他进入著名的利奥波德地区实科中学（初高中一贯制）读书，比正常入学年龄提前了一年。在此期间，他学习了从古希腊到古罗马的古典文学，学习了拉丁语、希腊语、法语、英语，还自学了西班牙语和意大利语。值得一提的是，弗洛伊德在一个庞大而复杂的家族中生活的童年记忆和隐秘感受，被压抑到成年时期，成为他后来对自己的梦境进行精神分析的重要材料。"他那年轻的妈妈怀了一个小对手，而他的同父异母兄弟，

① 参见黛黑．心理学史——心理学主流思潮的发展［M］．陈仁勇，译．台北：野鹅出版社，1987：264.
② 弗洛伊德，车文博．弗洛伊德文集：癔症研究［M］．北京：九州出版社，2014：32.

弗洛伊德的父母

用某种神秘的方式，成为她妈妈的伴侣；他的侄子比他自己还老，是他最好的朋友也是他最大的敌人；他那仁慈的父亲老得可以当他的祖父。”[①] 对于这些家族事实，他在自传中非常坦白地承认。

弗洛伊德的中学和大学生活都是在维也纳度过的，当时维也纳正处于文艺繁荣时期。13岁的弗洛伊德因受《动物生命史》的影响开始对自然科学产生兴趣。1873年秋，成绩出众的他被保送维也纳大学医学院读书，接受著名生理学家布吕克、动物学家克劳斯、哲学家布伦塔诺的教育，但也遭受了反犹太主义的痛苦。19岁时，他赴英国旅行，在返回维也纳后，便坚定了自己攻读医学的决心。于是他在1876年也就是20岁的时候进入布吕克生理学研究室工作，在那里度过了6年的时间，专门研究低等动物的神经细胞及其功能。他24岁时应征入伍，从事了1年的医疗服务工作，并受维也纳大学历史系教授冈柏的委托，将英国哲学家、经济学家约翰·穆勒的著作译成德文，并翻译了柏拉图的论文。到1881年的时候，弗洛伊德终于以优异的成绩通过医学院的结业考试，获得了医学博士学位。1882年7月，他进入维也纳全科医院工作。春风得意的他当年与玛莎·伯奈斯相爱，开始了4年零3个月的爱情长跑。恋爱期间，弗洛伊德写就900余封致未婚妻的情书，加上婚后忠贞如一，一时被传为佳话。婚后两人育有3个男孩和3个女孩。其中小女儿安娜最受弗洛伊

① 盖伊．弗洛伊德传[M].龚卓军，高志仁，梁永安，译．北京：商务印书馆，2015：7.

弗洛伊德与未婚妻
玛莎·伯奈斯

德宠爱，她长大后同时兼任父亲的秘书、知己、代表、同事、护士长等多重角色，后来继承父业，成了一名优秀的精神分析学家，专攻儿童心理学领域，获得了美国克拉克大学、奥地利维也纳大学等多所院校的名誉博士学位，并被授予大英帝国骑士爵位。这是一个美满而融洽的家庭，和谐欢乐的家庭氛围为弗洛伊德的广阔事业提供了坚实的后盾。

1882年，26岁的弗洛伊德开始了持续3年的维也纳综合医院临床医师生涯，并进一步研究脑解剖学和病理学，发表了一系列相关论文。1884年，他开始研究“可卡因”的临床使用效果，但这一行为遭到了部分心理学家的批评。1885年，他离开维也纳综合医院，并于当年9月份开始担任维也纳大学的神经病理学讲师，发表了3篇研究神经症的论文。之后，他专门到巴黎的萨尔拜特里尔精神病院向沙可学习，并对癔症的治疗和催眠法产生了兴趣。在返国途中，他专门去访问了德国的巴金斯基儿童精神疾病诊所。

30岁时，弗洛伊德终于开设了医治神经症的私人诊所，并将沙可的《神经系统疾病讲义》译成德文发表。同时，他也在卡索维茨儿童疾病研究所工作，继续研究神经病学，特别是小儿脑麻痹症，且发表了一系列研究论文，其研究重点逐渐由一般神经学转向精神病病理学。1887年后，随着几个孩子的相继诞生，弗洛伊德的癔症研究和精神分析疗法也慢慢往更深处发展。

开创：精神分析学派

作为深蕴心理学的开创者，弗洛伊德的潜意识心理学说、精神分析治疗技术以及对人类心灵深层隐秘王国的揭示，不仅为心理学研究开辟了全新的领域，而且对西方当代文学艺术、宗教、伦理学、社会学、历史学、民族学、哲学产生了深远的影响。

当今世界广为流传的弗洛伊德作品集权威版本是英国伦敦霍格思出版社于 1956 年至 1974 年出版的《标准版西格蒙德·弗洛伊德心理学著作全集》，由英国精神分析学家詹姆斯·斯特雷奇和弗洛伊德的小女儿、奥地利心理学家安娜·弗洛伊德共同主编，共 24 卷，包括《癔症研究》《日常生活心理病理学》《释梦》（又被翻译为《梦的解析》）《诙谐及其与潜意识的关系》《精神分析引论》《精神分析引论新编》《自我与本我》《达·芬奇的童年回忆》《图腾与禁忌》《文明及其缺憾》等著作。

如果说 1881 年到 1889 年，是弗洛伊德精神分析学的准备阶段，那么 1890 年到 1899 年，则是其精神分析学的起始阶段。布洛伊尔教授同前期的布吕克、沙可一样，对弗洛伊德的精神分析学说的创立有重大影响，但是两人日后分歧越来越大，直至 1896 年彻底决裂。在这段时期，弗洛伊德出版了两部代表著作 :《癔症研究》和《科学心理学设计》。《癔症研究》一书是弗洛伊德与布洛伊尔合作的产物，标志着精神分析学的理论奠基和正式起点。在这本书中，他开创性地提出了癔症与个人的创伤经历有关的理论，并把情绪生活特别是性欲的作用提到很高的程度，这种不太合乎社会礼仪规范的创见遭到了心理学界的严厉责难。

1900 年至 1909 年，是弗洛伊德精神分析学的成型时期。在这一时期，他开始有了名望，并出版了四部重要著作 :《释梦》《日常生活心理病理学》《诙谐及其与潜意识的关系》《性学三论》。

《释梦》一书是弗洛伊德一生中里程碑式的著作，被西方学者誉为“揭开人类心灵的奥秘”之作，它的出版标志着精神分析理论的形成。但该书在 1899 年刚出版的时候只印了 600 册，花了 8 年时间才全部卖完。这一情况在 10 年之后才得到改观，在弗洛伊德去世之前，该书共重印了 8 版。

在此书中，弗洛伊德在广泛总结前人研究成果的基础上，根据自己对病人之梦的临床研究和解析，深入探讨了梦的实质、释梦的方法、梦的伪装、梦的材料和来源、梦的工作机制、梦的过程等重要理论问题。他以象征论为理论基础，认为梦以现实生活为依托，以人的经历（白天根本不进入记忆的内容、童年的经历、无足轻重和无关痛痒的琐事等）为材料，在睡眠被打扰的时候产生，是潜意识欲望和儿时欲望伪装的满足。

故居大门

这不仅提供了开启神经官能症患者心扉的一把钥匙，也成为了解正常人潜意识活动的重要途径。具体而言，“梦是一种（被抑制或被压抑的）愿望的（伪装的）满足”[①]。梦通过凝缩、移植、象征、润饰等梦的工作将梦的隐意通过层层伪装呈现为梦的显意，以逃过梦的稽查，并表达愿望。然而人从梦中醒来往往伴随着遗忘，这主要是因为梦的抵抗。“从整体上看，做梦是梦者回归到早期状态之一例，是他童年期的一种复现，是支配梦的本能冲动及其在童年期得以表现的方法的复现。在个体童年期背后，我们可以发现一个发生学意义的童年期，即人类

① 弗洛伊德，车文博 . 弗洛伊德文集：释梦 [M]. 北京：九州出版社，2014：160.

的发展历程，个体的发展不过是在生活的偶然条件影响下对人类发展的一个简化的复演。”[1]那么释梦的工作便是穿透显意直达隐意，发掘人的隐秘愿望。梦的机制如下图：

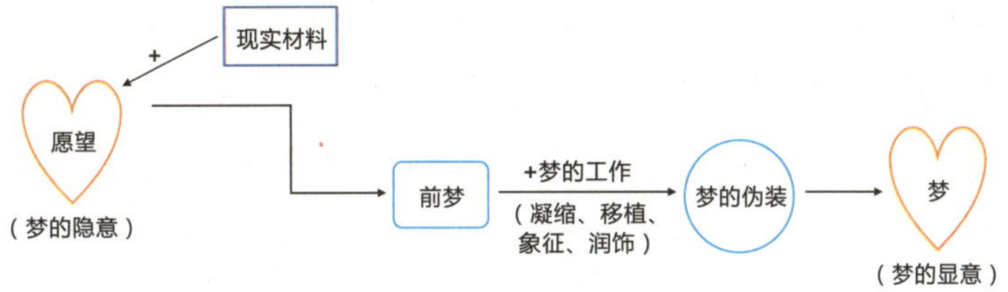

梦的机制

尽管弗洛伊德已成就显著，但因其关于性学的一些论述与维多利亚时代的禁欲主义[2]相悖，与传统的神经病理学思想相抵触，再加上当时的反犹势力很强大，他一度饱受抨击，直到1902年才通过教育部的批准获得教授头衔，并由弗朗茨·约瑟夫皇帝在其登基五十周年纪念会上亲自颁布。从此，弗洛伊德的事业进入高速发展期。1902年秋天，弗洛伊德与阿德勒、卡汉纳、莱德勒等17人建立了心理学星期三学会。1908年复活节，以弗洛伊德为核心的国际精神分析学会第一次大会在奥地利的萨尔茨堡召开，来自欧洲各国的精神分析学家齐聚一堂，会议决定出版《精神分析学与精神病理学研究年鉴》（以下称《年鉴》）。同年4月，心理学星期三学会改名为维也纳精神分析学会，由阿德勒任主席。因此，这一年是精神分析学派形成的重要标志。此后，弗洛伊德做了“精神分析五讲”等报告，获得了国际的承认和赞扬。随着弗洛伊德

① 弗洛伊德，车文博．弗洛伊德文集：释梦[M]．北京：九州出版社，2014：477-478.

② 英国的维多利亚时代实行君主专制制度，基督教文化传统中的禁欲主义达到顶峰，甚至连钢琴腿也要用粗布遮盖起来，以防引起不好的联想。

译著的广泛传播，国际性的精神分析运动逐渐来临。

波折：舆论的硝烟

1910年至1919年，精神分析学派内部成员之间的分歧逐渐扩大，学派开始分裂。1910年，国际精神分析学会第二次大会在德国纽伦堡召开，弗洛伊德作了“精神分析治疗法的前景”的演讲。会议决定正式建立国际精神分析学会，由瑞士著名的精神病学家荣格任第一任主席。然而由于对选举不满以及理论上的分歧，国际精神学会主要成员之一阿德勒于1911年春天宣布退出，另组成自由精神分析学会。1911年9月，国际精神分析学会第三次大会召开，来自6个国家的55名代表参加了会议。最令弗洛伊德伤心的是，他视为儿子和接班人的荣格对他的学术主张“无意识中的遭受抑制的性欲是精神病唯一起因”提出挑战。1912年，荣格发表的《力比多的变化与象征》一文出现了与弗洛伊德有关力比多和恋母情结理论大相径庭的内容。1913年荣格正式辞去《精神分析学与精神病理学研究年鉴》主编职务，次年辞去主席职务，退出国际精神分析学会，并建立分析心理学。两人之后一直摩擦不断，直到弗洛伊德临终那刻，两人才冰释前嫌。

故居展厅

第一次世界大战期间国际精神分析学会、自由精神分析学会、分析心理学这三个学派处于相互对抗的态势。为了应对学派分裂的局面，弗洛伊德的朋友琼斯建议和组织成立了守护弗洛伊德委员会，并有效地行使职能十多年，受到弗洛伊德的赞许。

在精神分析学派内部分裂与名望愈增交织进行的这段时间，弗洛伊德出版了不少著作，其中比较重要的有三个系列：精神分析学系列（《精神分析五论》《精神分析导论》《精神分析运动史》）、元心理学系列（《本能及其变化》《压抑》《论潜意识》）、弗洛伊德主义系列（《图腾与禁忌》《詹森的〈格拉迪沃〉中的幻觉与梦》《作家与白日梦》《达·芬奇的童年回忆》《米开朗琪罗的摩西》）。值得一提的是，弗洛伊德主义是一种将精神分析学扩展和应用于人文社会科学领域的成功实践，并逐渐形成哲学化或社会学化的精神分析学。

1920 年到 1929 年是精神分析学的最后成熟阶段，弗洛伊德发表了《超越快乐原则》《群体心理学与自我的分析》《自我与本我》《抑制、症状与焦虑》《一个幻觉的未来》《陀思妥耶夫斯基与弑父者》等代表著作，使精神分析学由一种作为治疗神经症的理论和方法发展为一种阐明人类动机和人格的理论体系。

1930 年到 1939 年是精神分析学登峰造极的时期，弗洛伊德进一步用精神分析学的观点研究了社会组织、宗教起源、文学艺术、战争根源等社会现象，构建了一套关于社会文化的弗洛伊德主义理论体系，代表著作为《精神分析新论》《精神分析纲要》《文明及其缺憾》《为什么有战争》《摩西与一神教》等。

弗洛伊德一生享尽盛誉，但也饱受苛责，是一个评价两极化的人物。作为精神分析学派的创始人，他享誉世界，门徒众多。其精神分析学方法成为文本和社会历史研究的一个绕不过去的理论工具，令他在文学、社会学、哲学等领域享尽殊荣。在弗洛伊德 80 岁诞辰来临之际，全世界 200 多位科学家和艺术家致信祝贺，他们表示：如果世间有什么行动可以被永远铭记的话，那就是对人类心灵的洞察。爱因斯坦对弗洛伊德说："直到最近，我还只能理解您的思路中的思辨力量，以及这一思想给这个时代的世界观所带来的巨大影响。据我判断，只有用压抑理论才能对它们作出解释。我很高兴自己遇到了这些例证。因为，当一个伟大而且美丽的构想与现实相吻合的时候，它总是令人愉快的……”①

然而在心理学领域，弗洛伊德又常常因病例的真伪和唯性论倾向而遭受诘问。弗洛伊德认为人类的思想欲望主要是无意识的，而性本能是其主要部分，从而提出了性本能理论。他在临床治疗过程中将性本能理论加以贯彻，在书写相关研究论文的时候加以记录和分析。但是，其所记载的几个病例因缺乏现实依据而常被反对者视为捏造，其很多精神分析学理论也被认为是伪科学而被质疑。

另外，弗洛伊德的幼儿性欲理论推动了20世纪哲学和心理学对人类童年期心理的关注，但其对性心理的夸大和对社会生活影响的忽视，也有极端化的弊端。20世纪20年代的性解放思想，被资本主义的消费主义所需要和利用。而“需要受到压抑是导致精神病的原因”等精神分析学说被有心之人进行望文生义地滥用，20世纪80年代弗洛伊德在中国的热潮就有此特征。100多年来的传统心理学家常常将弗洛伊德的精神分析排斥在心理学之外，英国的诺贝尔奖获得者梅多沃抨击其精神分析理论是“20世纪最惊人的狂妄的智力骗局，也是濒临灭亡的产物”。甚至有人将弗洛伊德斥为“冲进人类文明花园的一头野猪”。然而这些负面评论无法否定精神分析学目前已被公认为世界心理学五大理论模式之一的事实。2000年，英国BBC更是把弗洛伊德与阿奎那、笛卡尔、麦克斯韦、牛顿、达尔文、康德、马克思、爱因斯坦等人一起列为“十大千年伟人”。

弗洛伊德晚年命运坎坷，深受癌症折磨的他还要遭受德国纳粹的迫害：银行存款被冻结，出版社被取缔，家里钱被掠走，小女儿安娜被捕，四个妹妹被杀害，在生命的最后一年还不得不逃亡英国。

人生的最后阶段，刚做过口腔修复手术的弗洛伊德在安娜做旁白的家庭电影中说：“我发现了精神生活中关于无意识的某些新的重要的事

① 易晓明.文化无意识[M].北京：中国人民大学出版社，2003：19.

故居内景

实……从这里产生了一门新的科学：精神分析学，心理学的一种，也是处理精神疾患的一种新方法……人们不相信我举出的事实，讨厌我的理论，阻力强大而无情。最后，我成功地建立了国际精神分析学学会，并培养学生，但奋斗并未终结。”①

贡献：弗洛伊德主义

“故天将降大任于斯人也，必先苦其心志，劳其筋骨，饿其体肤，空乏其身，行拂乱其所为，所以动心忍性，曾益其所不能。”弗洛伊德一生坎坷，他所开创的精神分析学派的发展也是波折不断，到如今仍然争论不断。然而毋庸置疑的一点是，在心理学领域之外的文学、社会学等学术领域，弗洛伊德主义迸发出异彩。

19 世纪末 20 世纪初，世界正处于垄断资本主义阶段，社会矛盾和斗争日益激烈，再加上当时犹太人家长制和维多利亚式性道德的压抑，神经症的发病率越来越高，精神分析的治疗方法应运而生。19 世纪末，弗洛伊德开始用精神分析理论探讨神经症的病因和治疗。到了 20 世纪

① 胡志翔．世界文化名人图志：诞生地·故居·墓地[M]．济南：山东画报出版社，2005：9.

弗洛伊德的著作

20年代，这个理论扩展到哲学和人文社科领域，由一种潜意识的心理学体系发展成以探究文本的无意识结构和文化功能为中心的批评理论流派，代表人物是弗洛伊德、瑞士的荣格和法国的拉康等心理分析学家。这种接近于文学解释的理论流派，逐渐影响了批判理论、女性主义、新历史主义、后殖民主义等，这些理论也试图运用心理分析的方法来解释人类行为发生的原因和方式并探索文学中意义的生成。因此，弗洛伊德主义是西方现代人文科学发展的一个重要支柱，也是西方现代哲学的重要流派之一。继达尔文抛出“人是由猴子进化而来”的进化论之后，弗洛伊德便用“无意识”理论揭示了人类的思考方式。

从整体上看，弗洛伊德的学说主要包括人格学说、本能学说、性欲学说、释梦学说和社会文化学说等方面。人格学说以潜意识为基础，是弗洛伊德学说的核心。他提出心理地形学模式，认为人的心灵由潜意识（深层）、前意识（中层）和意识（表层）这三个层次构成，而支配人类行动的，不是意识，而是潜意识。后来弗洛伊德在这个模式的基础上做出了修正，提出了人格三重结构，认为人格由本我、自我和超我构成。也就是说，弗洛伊德是从自然和生物学的角度讨论人的，没有涉及社会的因素。本能学说是人格理论的动力学基础，认为人具有生的本能和死的本能（爱与建设性的能量、恨和破坏性的力量），其他都是由这两种本能所派生的。性欲学说以泛性论为基础，认为儿童在成长的过程中也将经历从自恋到恋他的阶段，并通过两个希腊神话探寻到人类的俄狄浦斯情结（恋母情结）、爱列屈拉情结（恋父情结），对传统的禁欲主义进行了大胆的反抗。释梦学说解析梦的语法规则，了解精神领域的潜意识活动，探寻人类被压抑的欲望。这种对梦的语言性和语法规则的探寻为人们研究艺术结构、修辞手段和文化功能开辟了一个新的阐释空间。社会文化学说则是精神分析理论在人文社科领域的延伸，是具有广泛兴趣和阅读积累的弗洛伊德的能力发挥。

1912 年，荣格发表了《转化的象征》，提出一套"分析心理学模式"，"将关注的重心从个体无意识转移到集体无意识，强调人类心理的社会文化因素，超越了弗洛伊德的泛性主义心理学局限，发展了弗洛伊德开创的人类心理探索事业"①。此书的出版标志着荣格与弗洛伊德之间的关系正式破裂。后来，加拿大学者诺思洛普·弗莱将这一思想进一步发展成为原型批评，拓展了人类精神的文化历史之维。

20 世纪 50 年代之后，精神分析学说在法国的文化语境下又经历了语言论转向，获得了创造性的发展。雅克·拉康认为人类的潜意识并非像弗洛伊德说的那样是一片混沌的被压抑的隐秘欲望暗流，而是像语言一样是一个可以进行系统分析的结构，进而提出了镜像理论和心理三界论（即想象界、象征界和实在界，这是三种互相映射和相继发生的心理秩序和生存境界）。再之后，精神分析学说又经历了文化论转向，它开始关心文学、电影、女性主义以及后殖民主义等社会文化问题。临床上，精神分析学说则

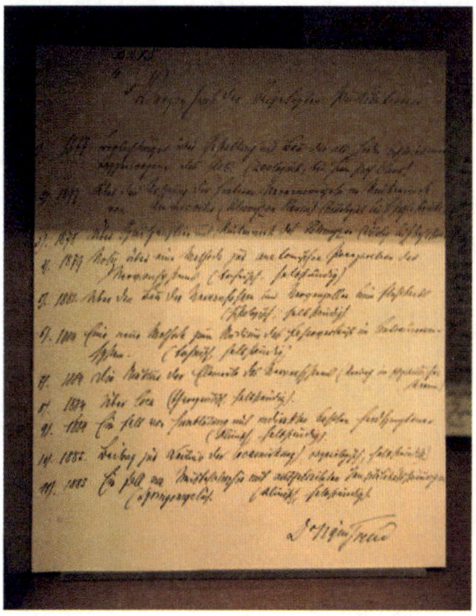
弗洛伊德手稿

① 王一川．批评理论与实践教程[M]．北京：高等教育出版社，2005：75.

以治疗精神疾病为目标。

值得关注的是，弗洛伊德主义在中国的传播可算是曲折反复，在国内主要引发了两次热潮。第一次热潮发生在20世纪二三十年代，弗洛伊德主义在部分知识分子之间流行。1921年，朱光潜最早开始翻译弗洛伊德的文章。最早对之感兴趣的是作家们,郭沫若就在分析《西厢记》的评论文章里引用了弗洛伊德关于“艺术是性本能的升华”的观点。鲁迅也曾一度使用精神分析的学说进行创作，如《肥皂》《弟兄》等小说。尤其是郁达夫的小说《沉沦》，描写了一个深陷性苦闷而自杀的留学青年形象，以发出对国家强大起来的呼唤。在此小说中，郁达夫对精神分析学说进行了热情借鉴与大胆尝试。另外，上海的新感觉派作家施蛰存的小说《鸠摩罗什》《将军底头》《石秀》等也体现出弗洛伊德主义的深刻影响。第二次热潮发生在20世纪80年代中后期，弗洛伊德主义在学术领域受到广泛关注。随着改革开放的实行，各种西方现代思潮传入我国，学术圈掀起了一股介绍和讲解弗洛伊德学说的热潮。文坛也出现一批描写性爱的优秀作品，如张贤亮的《男人的一半是女人》中人物被力比多力量支配着行动，莫言的《红高粱》通过主人公对性本能的释放反思人类的生存状态，苏童的《妻妾成群》中充分呈现了女性对自己玩物命运的集体无意识，陈忠实的《白鹿原》中也充满了性压抑、俄狄浦斯情结等元素，等等。可以说，弗洛伊德主义在我国的传播，不仅促使一大批新的优秀文学作品的诞生，而且为我国的历史研究、文化研究和现实社会问题研究都打开了新的视野，并在一定意义上推动了社会的开放和进步。

可以说,弗洛伊德的伟大不仅在于他发明了一种新的医学治疗方法，打破常规和禁锢，将人们从性的压抑监牢中解放出来，认真而坦诚地看待自身。更重要的是，他带来了一种新的思考世界和社会的方式，影响着人类未来的发展方向。

“在19世纪的最后十年里,有两项发现具有象征意义地同时发生了：在维尔茨堡，一位默默无闻的物理学家威廉·伦琴在一次不经意的实验

故居前的大街

中证明，一向被视为无法穿透的人体是可以被透视的；在维也纳，一位同样名不见经传的维也纳医生西格蒙德·弗洛伊德发现，精神也是可以被透视的。”[1]逐渐地，相邻学科和交叉学科之间的互助具备了发展的条件，从此，心理学研究超越了学术性和理论性，面向实际生活。“弗洛伊德将精神研究转向个人心灵，从而不知不觉地拯救了这个时代最内在的意志。”[2]在这个许多人都被同质化和原子化的时代里，弗洛伊德努力探索并试图拯救人们独一无二、不可复制的内心世界，并时时提醒我们对人性心怀敬畏。

（撰稿：贾璐）

---

① 茨威格．精神疗法：梅斯默尔、玛丽·贝克－艾迪、弗洛伊德传[M]．沈锡良，译．上海：上海人民出版社，2007：301.

② 茨威格．精神疗法：梅斯默尔、玛丽·贝克－艾迪、弗洛伊德传[M]．沈锡良，译．上海：上海人民出版社，2007：302.

参考文献

奥兹本．弗洛伊德和马克思 [M]. 董秋斯，译．北京：生活·读书·新知三联书店，1986.

茨威格．精神疗法：梅斯默尔、玛丽·贝克－艾迪、弗洛伊德传 [M]. 沈锡良，译．上海：上海人民出版社，2007.

弗洛伊德，车文博．弗洛伊德文集：癔症研究 [M]. 北京：九州出版社，2014.

弗洛伊德，车文博．弗洛伊德文集：释梦 [M]. 北京：九州出版社，2014.

盖伊．弗洛伊德传 [M]. 龚卓军，高志仁，梁永安，译．北京：商务印书馆，2015.

胡志翔．世界文化名人图志：诞生地·故居·墓地 [M]. 济南：山东画报出版社，2005.

黧黑．心理学史——心理学主流思潮的发展 [M]. 陈仁勇，译．台北：野鹅出版社，1987.

马克思，恩格斯．马克思恩格斯全集（第3卷）[M]. 北京：人民出版社，1995.

王一川．批评理论与实践教程 [M]. 北京：高等教育出版社，2005.

易晓明．文化无意识 [M]. 北京：中国人民大学出版社，2003.

伯特兰·罗素

古老的彭布罗克庄园静静地站立着，像是一位智者默默地注视着远方，斑驳的痕迹记录着历史时光。是的，这就是一代伟人罗素的家园，是他践行追求的初始之基，是他哲学思想的启蒙之地。

罗素出生在英国的一个贵族家庭。祖父约翰·罗素勋爵是一个著名的自由党政治家，在维多利亚时代曾两次出任首相，并获封伯爵爵位；父亲伯力·罗素子爵，是一位激进的自由主义者；母亲出身于辉格党的贵族家庭。罗素是家里的第三个孩子，也是父母最疼爱的一个。但不幸的是，在他两岁的时候，母亲和姐姐便因病去世；不满 4 岁时，父亲也因病去世；6 岁时，祖父也离开了人世。后来，他跟随祖母来到女王赐予的彭布罗克庄园生活。

当时的彭布罗克庄园，坐落在紧靠皇家公园的里士满山坡上。这里森林幽幽，鸟鸣啾啾，傍晚时分更是格外美丽，落日与长河相伴，让人心旷神怡。在这个环境优美的庄园，罗素生活了 14 年之久，直到去剑桥大学读书，他才离开了这个充满着童年记忆的地方。后来，庄园曾因战火几度遭受到不同程度的毁坏，经过

罗素故居（英国伦敦彭布罗克）

不断修缮，才恢复成现在的样子。这座庄园包孕着罗素杂糅着孤独与幸福的少年经历，以及祖母约翰夫人带有“维多利亚时代”情趣的教育准则。罗素耳边仿佛回荡着祖母在 12 岁生日时教导自己的话语：“你不可追随众人去行恶事”①，“做人要坚强，有勇气，莫害怕，亦莫惊慌，因为主随时随地保佑着你”②。这些对罗素产生了重要的启蒙作用，使他养成了坚强勇敢的性格，同时也使他形成了孤独与傲气的特殊气质。现在的彭布罗克虽已不再是庄园，已成为里士满公园的一部分，但每当人们漫步在彭布罗克的小路上，便像是在浏览罗素的一生，在聆听着属于他的宝贵经历。

童年与剑桥岁月

1872 年 5 月的一天，南威尔士的天阴沉沉的，一副要下雪的样子。

① 罗素．罗素自传：第一卷 [M]. 胡作玄，赵慧琪，译．北京：商务印书馆，2002：14.

② 克拉克．西方文化巨匠：罗素传 [M]. 天津编译中心组，译．北京：世界知识出版社，1998：13.

安伯利子爵夫妇此时正在大道上散步，调皮的小罗素在母亲的肚子中来回翻动，仿佛迫不及待地想要出来看看世界的样子。“婴儿重$8\frac{3}{4}$磅，长21英寸，很胖，很丑。”①母亲这样评价刚出生三天的小罗素。令人意想不到的是，就是这个很胖、很丑的小儿子，成年之后，不仅长寿，而且在20世纪的历史舞台上尽情地施展着他的聪明才智。

1878年，罗素跟随祖母到彭布罗克庄园生活。祖母并没有让他和同龄人一样去贵族学校学习，而是让他在家里接受教育。家里所有的人都比他大，即使最小的哥哥也比他大七岁。童年的罗素，没有小伙伴与他玩耍，有的只是保姆与家庭教师的陪伴。尽管有祖母的照顾，但是由于缺少父母的疼爱和同龄人的陪伴，他小小的心灵总有几分孤独。在彭布罗克庄园中，罗素看着那宽阔的花园，经常一个人编织美丽的梦，梦中有父母、姐姐和祖父。他独自在庭院中玩耍，带着儿童时代男孩子特有的调皮，常常制造许多恶作剧。孤寂的岁月总是难耐的，但不失为沉思的好时机。他享受着大自然带来的静谧，也享受着书籍带来的乐趣，他有足够的时间可以静下来，用他那小小的头脑进行思考。

祖母出身于一个虔诚的贵族教徒家庭，具有很强的道德信念和宗教信仰，因此她给予罗素的也是教徒式的教育。她不准罗素贪图享乐，对他的作息时间有严格的规定，并告诫罗素不要追随众人去做坏事。她用独特的教育方式塑造着这个最小的孙子，这对罗素的一生产生了深刻的影响。在祖母的管教下，小小的罗素生活非常单调乏味，他渴望与人交往，但却并不知道如何与人交往，在与人打交道时往往表现得很羞涩，在面对其他人司空见惯的生活情景时略显吃惊。当他第一次出门考试时，害怕与人交谈，不知道如何在这种环境中生存。祖母的教育是严肃的，也是孤立的，这让罗素感觉难以接受，逐渐产生了一种逆反心理，但这种潜移默化的影响已经在他身上打下了深深的烙印。

---

① 罗素．罗素自传：第一卷[M].胡作玄，赵慧琪，译．北京：商务印书馆，2002：6.

在 11 岁时，罗素开始跟着哥哥弗兰克学习欧几里得几何学，这是他智慧发展的重要转折点，也正是从这时开始，数学成了他一生的爱好和幸福的源泉。在哥哥的帮助下，他很快掌握了欧几里得几何学，但同时也对某些定理的证明和公式产生了质疑。他的这种怀疑精神在他日后的数学研究中发挥了巨大作用。在叔叔罗洛·罗素的影响下，他从小就对科学产生了浓厚的兴趣，并且发现了科学和宗教的矛盾之处。祖父的书房里有着丰富的藏书，罗素在这里阅读了大量的历史和文学著作，这对他以后的著述产生了深远的影响。

1890 年，18 岁的罗素考入剑桥三一学院学习数学、哲学和经济学。剑桥三一学院成为罗素实现梦想的起点。在这里，他不仅收获了知识，还结识了查尔斯·桑格、G.E. 穆尔等陪伴他一生的挚友，尤其是结识了亦师亦友的怀特海，两人此后交往多年，关系密切。罗素痴迷数学，但在大学数学的学习过程中也发现了很多问题。比如，老师并不能讲出行之有效的证明思路，尤其是微积分的有效证明问题。这让他对数学产生些许失望。虽然对剑桥的教学环境感到厌恶，但这并未影响他在剑桥的表现。颇具才华的罗素在这里游走于思想论坛的前沿，展现出惊人的思

罗素故居（英国伦敦加仑广场）

辨天赋。这是他离开彭布罗克庄园之后的首个自我生存环境，也是在这里，他获得了充分的自由，受到了良好的教育。在大学三年级取得数学学位后，罗素转入对哲学的学习。一切经历仿佛冥冥之中自有安排，指引着他不断前进，通往未知的旅途。

哲学、数学与逻辑

罗素曾说，在他的哲学研究中，有一个重要的转折点："在一八九九到一九〇〇这两年中，我采用了逻辑原子主义哲学和数理逻辑中的皮亚诺技术。这个变革是太大了，简直使我此前所作的研究（除去纯数学的以外）对于我后来所做的一切，全不相干。这两年的改变是一次革命；以后的一些改变则属于演进的性质。"①

罗素一生都在孜孜不倦地求索。他认为数学可以提供某种确定的知识，而他的最大兴趣就是想证明"人们怎么知道一件事是正确的"，然后以此扩展到自然科学与人类科学。这一思想非常具有前瞻性和预见性。罗素对哲学的热衷既是为了寻找可靠的知识，也是为自己对宗教教条的怀疑找寻答案。种种想法，促使他在知识的海洋里不断徜徉，汲取着文化的滋养。

19 世纪末的英国哲学界，新黑格尔主义占领着哲学的舞台。罗素的哲学指导老师 J.M.E. 麦克塔加特也是一位黑格尔派的哲学家。在这位哲学家的影响下，罗素把兴趣转向黑格尔，开始潜心学习哲学。1897 年，罗素开始阅读黑格尔的原著，在阅读过程中发现了黑格尔解释数学方式的"拙劣性"，这让他产生了质疑。在《我为什么研究哲学？》一文中，罗素对黑格尔的思想进行了批评："黑格尔哲学是一堆令人困惑的混杂之物，与双关语没有什么两样。因此，我放弃了

---

① 罗素．我的哲学的发展 [M]．温锡增，译．北京：商务印书馆，2009：3.

他的哲学。”[①] 此时的罗素还想最后努力挽救他所信奉的黑格尔主义，因此他撰写了《关于科学辩证法理念的思考》一文，希望启迪人们去发现数学的基础，但结果不尽如人意。失去黑格尔哲学信仰的罗素，渐渐开始相信柏拉图的理念世界，认为抽象的客体既是独立存在的，也是真实的。离开了黑格尔主义的罗素，逐渐抛弃了一元论和内在关系说，最终与摩尔一起创立了以“多元论”和“外在关系学说”为基础的新实在主义。分析哲学的时代正悄然来临。

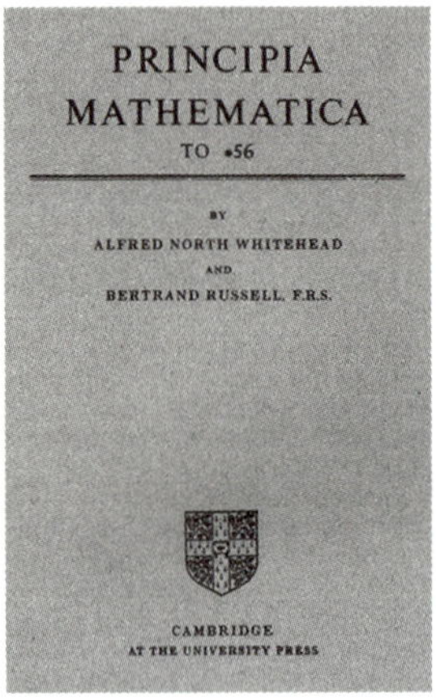

《数学原理》

1900 年，罗素在国际哲学大会上接触到了皮亚诺的数理逻辑思想，这为其创作《数学原理》一书提供了逻辑分析工具，解决了他在此之前遇到的许多难题。他与怀特海合作撰写了三卷本的《数学原理》，在这部充满智慧而又广为流传的数学哲学著作中，他提出了“罗素悖论”。这个理论动摇了弗雷格理论的逻辑基础，继而引发了当时的数学危机。这部著作倾注了罗素与怀特海的心血，他们意在解决关于数学与哲学的问题，证明纯粹数学的前提是纯粹逻辑，并且要用逻辑语言说明概念。新实在论和后来提出的逻辑原子论，为分析哲学的创立奠定了基础。

外部世界与婚姻道德

叔叔罗洛·罗素对于罗素的人生道路产生了重要的影响。他激发了罗素在知识界大展宏图的雄心壮志，还介绍他结识了第一任妻子艾丽

① 蒙克.罗素传：孤独的精神 1872-1921[M].严忠志，欧阳亚丽，译.杭州：浙江大学出版社，2015：133.

丝·皮尔索尔·史密斯。17岁那年夏天，罗素跟随叔叔去远足，路过弗莱代山时，去拜访叔叔的朋友皮尔索尔·史密斯。在这里，罗素邂逅了他的爱情，与大自己5岁的艾丽丝一见钟情。此后，两人陷入了热恋之中。1893年，成年的罗素向艾丽丝求婚，并且成功。这个消息一经传出，罗素便收到了来自四面八方的质疑。罗素的祖母、莫德姨妈以及哥哥弗兰克都劝阻年轻的罗素，为了前途希望他慎重考虑婚姻的问题。为此，他们还让罗素离开伦敦，想让他冷静一下。但是距离丝毫没有冲淡他们两人的感情，反而使其愈发浓烈。一年之后，他们举行了简单的婚礼。罗素的家人不仅没有出席，祖母还送来了一封严厉的批评信。这一切似乎都暗示着罗素这段一见钟情的婚姻走不到幸福的尽头。随着时间的推移，罗素与妻子艾丽丝之间激情退却，矛盾不断显现。罗素在写作《数学原理》时，正处于感情风暴的漩涡之中，与妻子艾丽丝的感情达到了冰点，一度希望离婚。当时为了写作的方便，罗素与怀特海一家居住在一起。此时，他深深地爱上了怀特海的妻子，内心非常迷茫和痛苦，不知道如何处理这种感情。他把所有的秘密压在心中，把所有精力都投入到对知识的研究中。

罗素是一个高产的思想者，尤其是在与情人奥托琳相识之后。他在与妻子艾丽丝郁郁不快的生活中找不到丝毫乐趣，与奥托琳的相处则让他不断释放爱的激情，并强烈刺激着他对知识的追求。

罗素妻子艾丽丝

1911年夏，罗素同时进行着多部著作的撰写工作，其中的《哲学问题》是他转向哲学研究后的一部著作，也是他在抛弃黑格尔主义之后转向新实在论的一部过渡性著作。此后，他一直致力于把自己对哲学的认识书写出来，阐述为一种大众化的哲学，以便人们对自己、对生活中的不幸与苦难有更加清晰的认识。也许是因为《哲学问题》立足于对世人的关注、对大众的关注，该书获得了很大的成功，引发了人们的广泛关注。

随着罗素哲学探索的不断深入，他对知识论进行基础分析的愿望也愈发强烈，因而创作了《知识论手稿》。但是，这一著作在写作伊始就受到学生维特根斯坦的批评。罗素深感迷茫，甚至认为自己不适合研究哲学的基本问题。这也成为他第三次哲学转向的一个重要契机。一个偶然的机会，正值苦闷的罗素接触到了威廉·詹姆士的一元论思想，深受启发的他最终提出了“中立一元论”的思想。罗素的“中立一元论”主要包括物的逻辑与心灵的逻辑。物的逻辑主要体现在《我们关于外间世界的知识》一书中，在这本书中，罗素阐释了我们关于外部世界的认识主要来自感觉的观点。他借鉴笛卡尔、莱布尼茨等人的思想,提出了“视景”与“视景空间”的概念。其关于心灵的逻辑分析则主要体现在《心的分析》中。罗素在这本书中明确指出，所谓的“经验”并不能把握心灵，但我们可以通过分析不同的精神现象来实际掌握心灵的内涵，然后把各种精神现象，比如欲望、信念等还原为感觉以及我们可以观察到的现象或者行为。

罗素一直认为，祖母对他的那种清教徒式的教育是一种不幸，他的一生都在试图去改变。罗素的《婚姻与道德》一书展现了他的生活态度，其中充满着超前的智慧与远见。这本书在刚出版的时候遭到英国宗教人士的极力反对，理由是罗素支持性的自由和解放以及试婚和离婚，并对婚外恋采取一种宽容的态度，这对当时宗教道德教义造成极大冲击。罗素认为，爱情是人生幸福的基础，也是婚姻的动力，因此不应该把爱情当作束缚的枷锁，人们都应该冲破原有的道德观念对人的压抑，自由地寻找爱情与婚姻的幸福。罗素的这种思想，对提高妇女的地位起到了积极的作用，促进了妇女解放运动的发展。第二次世界大战期间，罗素的和平主义破灭，举家迁往美国避难；1940 年他受到美国纽约法庭的审判，并且被剥夺纽约市立学院的聘任资格。具有戏剧性的是，他却因此书而获得 1950 年诺贝尔文学奖，评审委员会认为这部哲学作品"对人类道德文化做出了贡献"。在这本书中，罗素关于爱情与婚姻的说法并不被当时的大众所认可，但在思想上却能够站在人类解放的高度对人类生活的态度做出全新的描绘，对促进人类思想的解放做出了很大贡献。

罗素与维特根斯坦

罗素与学生维特根斯坦是忘年之交，在哲学研究上相互影响，相互激发。1911 年，38 岁的罗素与 22 岁的维特根斯坦相识。那时的罗素受聘为三一学院数学讲师，学术研究成果非凡，广受欢迎。维特根斯坦辗转来到罗素的课堂想跟从他学习。初次见面，罗素将维特根斯坦错认作德国人，对其"深感兴趣，并希望多见到他"①。

罗素非常喜欢这个固执己见、不时与人争辩的学生。虽然他们两个人的哲学主张有时并不相同，但罗素依然欣赏他对哲学的热情，认为这种思想的碰撞可以促使自己更加紧张地思考。在一些数学、哲学问题的讨论中，罗素必须绞尽脑汁才能和这个学生打成平手。在跟随罗素求学期间，维特根斯坦对哲学的兴趣也越来越浓厚。当罗素发现他的这个学生正在思考哲学问题时毅然决定为他提供帮助，并有意聘请逻辑学家 W.E. 约翰逊对其进行学术训练。遗憾的是，约翰逊发现维特

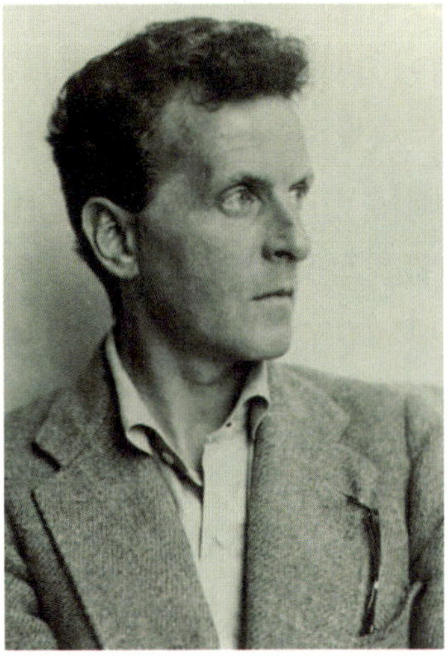

罗素学生维特根斯坦

① 克拉克 . 西方文化巨匠：罗素传 [M]. 天津编译中心组，译 . 北京：世界知识出版社，1998：205.

根斯坦总是过于坚持自己的观点，而且喜欢与人争论，便拒绝了罗素的请求。此后，罗素发现维特根斯坦更适合按照自己的思维模式去学习，而不应该受到别人的干扰。罗素这样的启蒙方式让维特根斯坦的哲学发展获得了独特的起步方式，从而奠定了维特根斯坦哲学研究的基础。

罗素与维特根斯坦不断地彼此启发，共同进步。他们在知识上的追求与渴望使他们走到一起，相互促进，孜孜不倦地追求着知识的曙光。

竭尽微诚为中国

1920年罗素收到一封来自中国学术团体的邀请信，希望他能够去中国讲学一年，并且信中还提到此时美国学者杜威也在中国讲学，于是罗素决定去中国。出发去中国的前夕，罗素与第一任妻子艾丽丝的婚姻走向了终结，这之后的中国之行，一直是第二任妻子朵拉陪伴着他。

1920年前后的中国是短暂的“和平”岁月，但是思想界却爆发了一场特殊的运动，新文化运动正在如火如荼地进行，五四运动的风潮还在继续影响中国社会。10月，罗素到达中国，当时著名的报纸《申报》《民国日报》《晨报》等都对他的到来进行了长篇报道，国内各团体在上海大东旅社召开欢迎会。当时罗素演讲的主题是“中国宜保存固有之国粹”[①]，曾一度引起质疑，周作人甚至在《申报》写文表示不赞成，认为这是罗素初到中国的奉承交际语言，其实他根本不了解中国社会的具体情况。但是，当时张崧年曾发文解释此事，认为罗素的演讲意在勉励中国人要创造新精神。当时，中国社会处在风云变幻的革命时代，人们都在提倡学习西方的先进文化以充实自身，而罗素看透了西方资本主义的弊端，告诫中国人应该保存自身的固有精神。

值得注意的是，当时中国人并不十分关注罗素在哲学与逻辑学方

---

① 曹元勇．通往自由之路：罗素在中国[M]．南昌：江西高校出版社，2009：12.

面的巨大贡献，而对其社会与政治方面的主张表现出浓厚兴趣。罗素在中国游历了很多地方，从上海开始，历杭州、南京、汉口、长沙等地，最后北上，到达北京。罗素所到之处都受到热烈欢迎，他之前出版的《社会重建原则》与《自由之路》为当时许多中国有志之士所推崇。在游历中罗素发现，中国是一个高度文明的国度，他认为，中国的孔子是伟大的智者，在孔子思想的引领下，中国有望实现社会政治的改良。罗素与朵拉是两位致力于改造社会的人，他们看到中国的许多问题，并为帮助中国获得进步而付出了很大的努力。他们认为，只有发展教育与工业才会避免遭受西方社会的侵害。不幸的是，1921 年的 3 月，罗素与朵拉同时感冒，罗素病情更加严重，甚至一度濒临死亡。此后几个月内，罗素并没有在中国进行过多的演讲或者其他的访问，这不能不说是一种巨大的遗憾。

罗素走访中国 10 个月，怀着对中国人民苦难的同情，写作了《中国问题》一书。该书扉页上有这样一段话："南海之帝为儵，北海之帝为忽，中央之帝为浑沌。儵与忽时相与遇于浑沌之地，浑沌待之甚善。儵与忽谋报浑沌之德，曰：'人皆有七窍以视听食息，此独无有，尝试凿之。'日凿一窍，七日而混沌死。"这是《庄子·应帝王》中的一段话，大意是在告诉我们事物的发展都要遵循一定的发展规律，如果强求则将对事物的发展起到不好的作用。罗素引用这段文字是有深意的。他认为此时的中国不应该盲目地学习西方的技术、教育等，而应该立足于本国的实际情况，做出恰当的改变。罗素从政治、经济、文化三个方面总结了中国面临的问题，例如缺乏工业与科学，缺少对自我的正确认识，他认为中国面临的最关键问题是文化问题，只要解决了文化问题，其他问题都可以迎刃而解。罗

罗素与妻子朵拉在中国

故居正门

素觉得中国人的生活节奏有利于世界和平，西方人的竞争最终会使世界走向毁灭，西方人应该向东方学习，以延续人类文明的生存。罗素对中国的前途充满巨大的希望。

当时之中国可谓内忧外患，罗素立足中国的实际情况，提出解决中国问题的办法，他又站在西方人的立场对比中国人的文化与性格，以中国文化的优点批评西方的缺点，深刻反思了当时世界的现状，这体现了他对人类的深切同情。尽管罗素在中国的讲学时间不长，但《中国问题》却成为中西方文化交流碰撞的产物。作为世界知名的大哲学家，他对中国的这种深刻认识，推动了20世纪以来尊崇与学习中国的热潮。

为和平奔走呼号的岁月

罗素最后的岁月，献给了反对核武器的斗争之路。美国在广岛投放原子弹事件后期，他在《格拉斯哥前进报》发表《炸弹与文明》一文，指出美国碍于国际正义不会再贸然使用原子弹，同时预见性地指出核武器战争将会对人类造成不可遏制的毁灭。这时的罗素，旗帜鲜明地反对战争，他不停地发表文章，还在英国上议院国际事务的辩论中，发表防止苏联制造出原子弹来威胁世界的言论。20 世纪 50 年代，罗素与爱因斯坦等人发起《罗素—爱因斯坦宣言》，旨在联合科学家团体一起反对核武器的使用。这个宣言的发表过程历尽曲折：恰逢爱因斯坦去世，约里奥—居里持有不同的意见，宣言因带有共产党人的签名而被人不断质疑其真实目的。由于担心核战争的发生，罗素给赫鲁晓夫、艾森豪威尔口授了两封不同的信，希望两国可以为了共同的利益放弃使用核武器。

罗素的和平主义信仰，可追溯到 1901 年。那年的年初，为便于讨论与写作《数学原理》，罗素夫妇与怀特海一家人搬到剑桥的唐宁学院居住。在此期间，怀特海夫人每天都在忍受着病痛的折磨，罗素目睹了她与病魔抗争的过程，深有感触。他曾在自传中回忆道：“人的灵魂的孤独感是无法承受的，除了宗教传道者所宣扬的那种至高无上的强烈的爱之外，没有任何东西能够穿透这种孤独感，凡是来自这种动机的事物都是有害的，充其量也是没用的；由此可以得出，战争是错误的，公共学校的教育是可憎的，使用暴力应该坚决反对以及在人际关系中人应该深入到每个孤独的核心之中，同它对话。”[①] 也就是自此开始，罗素的和平主义思想开始萌发，并从此逐渐走上了同情人类苦难的道路。

落叶总是眷恋着它的根系，70 岁的罗素深切思念着见证他成长的彭布罗克庄园。但是，此时的家早已面目全非。“二战”时期，这座庄园成为驻军的司令部，后来归入政府手中，房子被迫改建，一部分成为咖啡馆，另一部分成为公园管理人员的公寓。此时，房子已不可能再被恢复成住宅了。罗素只得在附近找了一处大房子。就在这座有生以来最

① 罗素．罗素自传：第一卷 [M]. 胡作玄，赵慧琪，译．北京：商务印书馆，2002：203-204.

具家庭气氛的房子里，罗素住了下来，开始工作。漂泊半生的罗素，终于叶落归根。

20 世纪 60 年代，已经 80 多岁高龄的罗素，仍然活跃在反核的第一线。这一时期，他结识了毕业于普林斯顿大学哲学系的学生拉尔夫·舍恩曼，从此舍恩曼成为罗素非暴力反抗的助手，与罗素一起建立百人委员会。1961 年 8 月 6 日是广岛日，百人委员会为第二次世界大战阵亡的战士举行纪念活动，罗素领导人们在特拉法尔加广场进行游行示威，被当局指控为非暴力抵抗而再次被捕入狱，但因健康问题刑期被减免为一个星期。以后的几年里，为了筹集更多资金，支持世界和平，罗素开始呼吁一些知名人士建立伯特兰·罗素和平基金会，甚至在生命的尽头，他还口授了《1970 年 2 月，伯特兰·罗素写给在开罗召开的国际议员大会的信》。1970 年 2 月 2 日，历经无数次病痛折磨的罗素，平静地离开了这个世界。

在 20 世纪智者云集的时代，罗素在逻辑学、数学和哲学等方面都为我们留下了宝贵的财富。他的学术论著《论几何学的基础》《莱布尼茨哲学述评》《数学的原则》和《数学原理》等无一不彰显着他的智慧，

故居前大街

散发着伟人的光辉。毫不夸张地说，罗素是“逻辑数学”的领袖人物，他开启了数学研究的新思路。于哲学而言，作为 20 世纪分析哲学的主要奠基者，罗素的成就是巨大的。《我们关于外间世界的知识》《心的分析》《物的分析》《对意义和真理的探究》和《人类的知识——其范围和界限》等一一见证了他在哲学方面孜孜不倦的求索。

伯特兰·罗素，一生都在进行着不屈的奋斗，用生命谱写了一曲不屈不挠的奋斗战歌。时间的洪流汹涌前行，伯特兰·罗素这个名字值得我们永远铭记。

（撰稿：成兆万、王远芹）

参考文献

奥德尔 . 罗素 . 第 2 版 [M]. 陈启伟，贾可春，译 . 北京：中华书局，2014.

曹元勇 . 通往自由之路：罗素在中国 [M]. 南昌：江西高校出版社，2009.

格雷林 . 罗素 [M]. 张金言，译 . 南京：译林出版社，2017.

克拉克 . 西方文化巨匠：罗素传 [M]. 天津编译中心组，译 . 北京：世界知识出版社，1998.

罗素 . 西方哲学史 [M]. 马元德，译 . 北京：商务印书馆，1976.

罗素 . 宗教与科学 [M]. 徐奕春，林国夫，译 . 北京：商务印书馆，1982.

罗素 . 心的分析 [M]. 贾可春，译 . 北京：商务印书馆，2001.

罗素 . 罗素自传：第一卷 [M]. 胡作玄，赵慧琪，译 . 北京：商务印书馆，2002.

罗素 . 罗素的道德哲学 [M]. 李国山，等译 . 北京：九州出版社，2004.

罗素 . 我的哲学的发展 [M]. 温锡增，译 . 北京：商务印书馆，2009.

罗素 . 自由之路 [M]. 李国山，等译 . 北京：西苑出版社，2009.

罗素 . 罗素论中西文化 [M]. 杨发庭，等译 . 北京：北京出版社，2010.

罗素 . 为什么我不是基督教徒 [M]. 徐奕春，等译 . 北京：商务印书馆，2012.

罗素 . 罗素自传：第二卷 [M]. 陈启伟，译 . 北京：商务印书馆，2015.

罗素 . 罗素自传：第三卷 [M]. 徐奕春，译 . 北京：商务印书馆，2015.

罗素 . 物的分析 [M]. 贾可春，译 . 北京：商务印书馆，2016.

蒙克 . 罗素传：孤独的精神 1872—1921[M]. 严忠志，欧阳亚丽，译 . 杭州：浙江大学出版社，2015.

蒙克 . 罗素传：疯狂的幽灵 [M]. 严忠志，欧阳亚丽，译 . 杭州：浙江大学出版社，2015.

图书在版编目（CIP）数据

大家之家. 思想卷 / 车吉心, 谭好哲主编. -- 济南：泰山出版社, 2020.1
ISBN 978-7-5519-0561-9

Ⅰ. ①大… Ⅱ. ①车… ②谭… Ⅲ. ①思想家—列传—世界 Ⅳ. ①K811

中国版本图书馆CIP数据核字（2019）第166856号

主　　编　车吉心　谭好哲
策　　划　胡　威　梁晓东
责任编辑　王艳艳
装帧设计　路渊源

DAJIA ZHI JIA：SIXIANG JUAN
大家之家：思想卷

出　　版　泰山出版社
　　　　　社　　址　济南市泺源大街2号　邮编　250014
　　　　　电　　话　总编室（0531）82022566
　　　　　　　　　　市场营销部（0531）82025510　82023966
　　　　　网　　址　www.tscbs.com
　　　　　电子信箱　tscbs@sohu.com
发　　行　新华书店
印　　刷　东港股份有限公司
规　　格　787 mm × 1092 mm　16开
印　　张　14
字　　数　200 千字
版　　次　2020 年 1 月第 1 版
印　　次　2020 年 1 月第 1 次印刷
标准书号　ISBN 978-7-5519-0561-9
定　　价　46.00 元